"当代经济学创新丛书"编委会

主 编 夏 斌

编 委（以姓氏笔画为序）

韦 森 田国强 白重恩 许成钢 杨瑞龙 姚 洋

National Economics Foundation
北京当代经济学基金会

当代经济学创新丛书
［全国优秀博士论文］

数字经济的产业组织逻辑和生态环境效益

以共享单车为例

曹光宇 著

上海三联书店

"当代经济学创新丛书"

由当代经济学基金会（NEF）资助出版

总　序

　　经济学说史上，曾获得诺贝尔经济学奖，被后人极为推崇的一些经济学"大家"，其聪慧的初露、才华的表现，往往在其年轻时的博士论文中已频频闪现。例如，保罗·萨缪尔逊（Paul Samuelson）的《经济分析基础》，肯尼斯·阿罗（Kenneth Arrow）的《社会选择与个人价值》，冈纳·缪尔达尔（Gunnar Myrdal）的《价格形成和变化因素》，米尔顿·弗里德曼（Milton Friedman）的《独立职业活动的收入》，加里·贝克尔（Gary Becker）的《歧视经济学》以及约翰·纳什（John Nash）的《非合作博弈》，等等。就是这些当初作为青年学子在博士论文中开启的研究领域或方向，提出的思想观点和分析视角，往往成就了其人生一辈子研究经济学的轨迹，奠定了其在经济学说史上在此方面的首创经济学著作的地位，并为日后经济学术思想的进一步挖掘夯实了基础。

　　经济学科是如此，其他社会科学领域，包括自然科学也是如此。年轻时的刻苦学习与钻研，往往成为判断日后能否在学术上取得优异成就，能否对人类知识的创新包括经济科学的繁荣做出成就的极为重要的第一步。世界著名哲学家维特根斯坦博士论文《逻辑哲学导论》答辩中，围绕当时世界著名大哲学家罗素、摩尔、魏斯曼的现场答辩趣闻就是极其生动的一例。

　　世界正处于百年未遇的大变局。2008年霸权国家的金融危机，四十多年的中国增长之谜……传统的经济学遇到了太多太多的挑战。经济学需要反思、需要革命。我预测,在世界经济格局大变化和新科技革命风暴的催生下,今后五十年、一百年正是涌现经济学大师的年代。纵观经济思想史,历史上经济学大师的出现首先是时代的召唤。亚当·斯密、卡尔·马克思、约翰·梅纳德·凯恩斯的出现,正是反映了资本主义早期萌芽、发展中矛盾重重及陷入发展中危机的不同时代。除了时代环境的因素,经济学大师的出现,又有赖于自身学术志向的确立、学术规范的潜移默化、学术创新钻研精神的孜孜不倦,以及周围学术自由和学术争鸣氛围的支撑。

旨在"鼓励理论创新,繁荣经济科学"的当代经济学基金会,就是想为塑造、推动未来经济学大师的涌现起到一点推动作用,为繁荣中国经济科学做点事。围绕推动中国经济学理论创新开展的一系列公益活动中有一项是设立"当代经济学奖"和"全国经济学优秀博士论文奖"。"当代经济学创新丛书"是基于后者获奖的论文,经作者本人同意,由当代经济学基金会资助,陆续出版。

经济学博士论文作为年轻时学历教育、研究的成果,会存在这样和那样的不足或疏忽。但是,论文毕竟是作者历经了多少个日日夜夜,熬过了多少次灯光下的困意,时酸时辣,时苦时甜,努力拼搏的成果。仔细阅读这些论文,你会发现,不管是在经济学研究中对新问题的提出,新视角的寻找,还是在结合中国四十多年改革开放实践,对已有经济学理论模型的实证分析以及对经济模型假设条件调整、补充后的分析中,均闪现出对经济理论和分析技术的完善与创新。我相信,对其中有些年轻作者来说,博士论文恰恰是其成为未来经济学大师的基石,其路径依赖有可能就此开始。对繁荣中国经济理论而言,这些创新思考,对其他经济学研究者的研究有重要的启发。

年轻时代精力旺盛,想象丰富,是出灵感、搞科研的大好时光。出版这套丛书,我们由衷地希望在校的经济学硕博生,互相激励,刻苦钻研;希望志在经济学前沿研究的已毕业经济学硕博生,继续努力,勇攀高峰;希望这套丛书能成为经济科学研究领域里的"铺路石"、参考书;同时希望社会上有更多的有识之士一起来关心和爱护年轻经济学者的成长,在"一个需要理论而且一定能够产生理论的时代,在一个需要思想而且一定能够产生思想的时代",让我们共同努力,为在人类经济思想史上多留下点中国人的声音而奋斗。

夏　斌

当代经济学基金会创始理事长

初写于 2017 年 12 月,修改于 2021 年 4 月

目 录

图表目录

前 言[①]

数字经济是继农业经济、工业经济之后的主要经济形态,是近年来全球经济增长的重要支撑点,也将在未来一段时间内持续发挥引领作用。在本轮数字经济发展浪潮中,我国依托庞大的用户群体、宽松的政策环境、发达的数字基础设施,在部分产业实践中居于全球领先地位。数字经济的蓬勃发展,特别是各类新兴业态的快速崛起,为经济学研究提供了新对象、新数据,同时也提出了新问题、新挑战。

共享单车是我国数字经济领域的重要商业模式创新,与高铁、网购和移动支付一道被誉为中国的“新四大发明”。作为一种出行方式,共享单车在全球范围内深度重塑了交通出行行业,同时对居民生活、城市建设、生态环境等产生了广泛影响。本书基于来自共享单车企业的数据,综合运用理论模型和实证方法,从以下三个方面开展研究。

首先关注数字经济中的竞争效应,讨论网络效应对市场结构的影响。本书研究发现,在共享单车行业中,新进企业有助于提升在位企业的订单数量、价格水平、用户规模、单车投放数量和单车使用效率、空间覆盖范围、订单分布均匀程度。换言之,新进企业对在位企业的影响主要体现为市场扩张效应而非争夺效应。理论分析则表明,共享单车行业的网络效应和成

① 本书在撰写和出版过程中,得到国家自然科学基金(批准号:72203008、72473003、72192844)、当代经济学博士创新项目、北京大学“数字与人文”专项课题、北京大学本科教学改革项目(项目编号:JG2024044)的资助与支持,谨在此一并致谢。

本凸性等产业组织特征共同决定了这一结果,从而确保该行业始终处于多头竞争之中,没有走向"赢者通吃"。

其次关注数字经济中数据作为生产要素的价值,考察征信服务如何影响用户流量在互联网平台间的分布。研究表明,基于芝麻信用的免押骑行政策会导致共享单车用户流量的系统性转移。用户在芝麻信用的母体平台——支付宝——使用共享单车的比例大幅提升,而在其他与支付宝存在竞争关系的移动互联网端口用车的占比均有显著下降。这意味着支付宝利用大数据征信技术挖掘数据要素的生产价值,通过个人征信服务产品和信用免押业务场景有效提升了自身用户流量。

最后关注数字经济的生态环境效益,探究共享单车作为绿色出行方式对城市空气质量的影响。研究显示,共享单车的发展有助于减少机动车使用、纾解交通拥堵,进而降低城市空气污染物浓度、提升城市空气质量。此外,共享单车可以与地铁等城市轨道交通和政府污染治理政策形成协同效应,共同推动城市空气质量的改善。这表明数字经济除了直接创造经济价值之外,还具有良好的生态环境效益。

与上述研究内容相对应,本书具有以下三方面的政策启示。

其一是数字经济监管政策要充分考虑行业的特异性。本书关于共享单车行业中竞争效应的研究,即打破了关于"网络效应导致赢者通吃"的惯性认知,强调网络效应对市场竞争的支持、维护作用。在针对数字经济各类新兴业态制定监管政策时,应当充分把握每个行业独特的产业组织特征,进而理解企业决策逻辑和企业间策略互动,确保政策的针对性和适用性。

其二是数字经济监管政策要充分考虑行业间的协同性。仅就征信行业本身而言,以芝麻信用为代表的、由互联网平台企业提供的个人征信服务,由于应用场景广泛、用户体验良好而赢得了广泛赞誉。但本书关于征信服务和用户流量的研究表明,互联网平台企业可能利用个人征信服务攫取共享单车场景中的用户流量、加剧用户流量在不同平台之间的非均衡分配。因此,在制定数字经济监管政策的过程中,不能孤立考察单一行业,而要充分考虑行业间的协同性。

其三是数字经济监管政策在视野上要具有全局性和整体性。共享单车行业自诞生以来一直饱受争议,原因之一即在于其占据城市道路这一公共品,却未支付相应成本。而本书的研究表明,共享单车同时创造了相当可观的生态环境效益,但这一正外部性也并未获得相应的经济补偿。由此可见,监管机构需要整体评估数字经济业态的经济社会成本与收益,合理制定相关政策以实现发展与监管并重。

第一章 绪论

第一节 研究背景和研究问题

数字经济是继农业经济、工业经济之后的主要经济形态(国务院,2021)。自党的十八大以来,我国数字经济取得了举世瞩目的发展成就,总体规模连续多年位居世界第二,对经济社会发展的引领支撑作用日益凸显(何立峰,2022)。数字经济的快速发展为经济学提供了全新的研究对象和研究场景,同时也提出了诸多有待回应的问题和挑战。

一方面,数字经济的发展模式和业务形态呈现出诸多新特征,为经济学经典问题注入了新元素,提供了新角度。例如,数字经济企业普遍以平台模式开展业务并呈现出一定规模的网络效应(network effect);再如,数据作为数字经济的生产要素,具有若干与传统生产要素相异的特征。经济学中关于定价、竞争、消费者福利、反垄断规制等传统议题的研究,在融入上述特征后,核心结论是否会有所不同?监管机构又该如何相应调整有关政策,从而更好地引导数字经济的发展?要回答这些问题,就需要在数字经济情境下对诸多经典经济学议题进行再研究和再讨论。另一方面,数字经济的蓬勃发展对经济和社会发展产生了广泛而深刻的影响。毋庸置疑,作为一种新型经济形态,数字经济发展必然会带来相当可观的经济效益。但与此同时,数字经济对于城市形态、居民生活、生态环境等方面也会产生巨大的社会影响,同时可能引发隐私侵犯、算法歧视等新型社会问题。对上述影响进行评估也是数字经济研究的应有之义。

在本轮数字经济发展浪潮中,我国依托庞大的用户群体、宽松的政策环境和良好的基础设施条件,在诸多领域居于领先地位,无桩共享单车(dockless bike-sharing,以下简称"共享单车")即为其中的典型代表。作为一项原创于中国的共享出行方式,共享单车与高铁、网购和移动支付一道被誉为中国的"新四大发明"。[①] 本书希望从前述两方面研究视角入手,以数字经济的代表性商业模式之一——共享单车——为例,综合运用理论和实证等方法研究数字经济的产业组织逻辑和生态环境效益。

第二节 研究内容和主要结论

本书首先关注数字经济中的产业组织问题,具体又可分为两方面内容。

其一,本书在共享单车情境下研究经济学的经典问题——企业竞争效应(competition effect),探究在具有网络效应的市场中,新进企业(entrant)对在位企业(incumbent)有何种影响。具体而言,共享单车是一种线下通勤服务,不同城市的市场在地理上互相分隔,因此 ofo 和 Mobike 两家共享单车企业需要各自分批次进驻不同城市。本书基于城市—日度面板数据,以 Mobike 分城市的进驻为冲击,构造双重差分(Difference-in-Differences,DID)模型评估 Mobike 进驻对 ofo 的影响。实证结果表明,竞争对手进驻可以提升在位企业的订单数量、价格水平、用户规模、单车投放数量和使用效率、空间覆盖范围。本书进一步构建理论模型以探讨上述实证结果的具体机制,发现网络效应和成本凸性(cost convexity)是解释实证结果的关键要素。

其二,本书以个人征信服务为切入点,讨论大数据征信技术如何发挥数据作为生产要素的价值,进而影响用户流量在互联网平台企业间的分布。具体而言,本书根据"芝麻信用分在 650 分以上即可免押金使用共享单车"的政策,利用断点回归设计(Regression Discontinuity Design,RDD)的识别策略,探究免

---

① 新华社特稿:《"新四大发明"塑造中国创新形象》。

押骑行政策如何改变 ofo 用户流量在不同用车端口之间的分布。实证结果表明,免押骑行政策导致 ofo 用户在支付宝端口使用共享单车的比例大幅提升,而微信、苹果系统(iOS)手机应用(App)、安卓系统 App、地图 App 等与支付宝存在竞争关系的移动互联网端口用车占比均有显著下降。此外,信用免押对于用户不良用车行为的约束力弱于缴纳押金所形成的威慑力。

本书还关注了数字经济的生态环境效益。本书利用 ofo 和 Mobike 各自分批次进驻不同城市所带来的冲击,构建 DID 和三重差分(Difference-in-Difference-in-Differences,DDD)模型分析共享单车进驻对城市空气质量的改善作用。实证结果表明,共享单车进驻显著降低了城市细颗粒物($PM_{2.5}$)浓度,潜在的作用机制则是对机动车使用的替代效应和对交通拥堵的纾解效应。进一步分析显示,在轨道交通更发达的城市和京津冀大气污染传输通道城市,上述作用更加明显。这意味着共享单车作为解决"最后一公里"问题的通勤方式,与城市公共交通系统和政府污染治理政策之间存在一定的协同效应。

第三节　全书结构安排和相关说明

一、全书结构安排

本书正文共由七章构成,此外还有三个附录。本章为本书的绪论,其余各部分内容安排如下。

第二章为文献综述。该章首先整体梳理了关于数字经济、共享经济(sharing economy)、共享单车的既有研究,帮助读者整体了解本书的研究主题和研究背景。在此基础上,该章从网络效应与平台竞争、数据要素与征信两个方面介绍了具体细分领域的研究进展,为本书后续章节的讨论做好铺垫。

第三章为共享单车行业概述。为便于读者理解本书的研究背景,该章从共享单车业务形态、共享单车行业的市场结构、共享单车企业的进驻决策三方面进行整体性介绍。后续各章在介绍研究背景时,将聚焦于与该章研究内容相关的制度细节,不再重复叙述第三章中涵盖的内容。

第四、第五和第六章为研究的主体部分,分别介绍共享单车行业的竞争效应、数据要素与平台流量、共享单车的生态环境效益三方面研究内容。其中,每一章的第一节均为"引言",主要由三部分内容构成:首先是"研究问题",介绍该章关注的研究主题;其次是"研究方法与主要发现",介绍该章所采用的理论和实证研究方法,以及通过这些方法所得到的研究结论;最后是"研究创新与主要贡献",介绍该章的学术价值和政策启示。

第七章为结论和研究展望。该章总结本书的主要研究发现和政策启示,介绍本书研究内容的不足和改进方向,并对未来潜在研究方向进行展望。

在正文之外还有三个附录。附录一汇报了共享单车企业进驻各城市的具体日期。由于本书第四章和第六章的研究均以共享单车进驻作为核心解释变量,所以笔者在附录一中列明了 ofo 和 Mobike 进驻各城市的时间,以便读者理解实证设计、查询原始数据,乃至自行开展相关研究。附录二和附录三则均为本书第四章的补充内容,其中附录二为补充图表,附录三则为第四章第六节理论模型的证明过程和拓展分析。

二、相关说明

以下为若干事项说明。

第一,本书主要关系到两家共享单车企业,书中分别以 ofo 和 Mobike 指代。其中,前一家企业在发展过程中曾先后采用"ofo""ofo 共享单车""ofo 小黄车"等多个品牌名。为简便起见,本书统一将其称为"ofo"。后一家企业中文名为"摩拜单车",被美团收购后更名为"美团单车"。考虑到本书实证分析的样本期在企业更名之前,且同样出于简便考虑,本书统一将其称为"Mobike"。

第二,若干学术术语第一次出现时,笔者在其后的括号内附上了英文,以便读者理解和对照。若该术语此后再次出现,则不再重复英文内容。此外,若干专有名词即便在中文语境下也通常以英文形式出现(如 Uber),此时笔者会在该名词首次出现时使用中文,在括号内加注英文,而后则仅使用英文。

第三,本书的第四章至第六章及附录三包含诸多字母和符号,不同部分所用的符号可能存在重复(如 α、β 等)。具体而言,本书第四章的第三、四、五节共用一组字母和符号,第四章第六、七节和附录三共用一组字母和符号,第五章共用一组字母和符号,第六章共用一组字母和符号。请注意本书所有字母和符号的含义仅在组内保持不变、不可作跨组解读。

第四,本书所有实证分析均在企业的本地服务器完成,笔者不具有所用数据的所有权,也无权查看任何包含个人隐私信息的原始数据。在开展实证分析的过程中,笔者仅被允许下载包含实证分析结果的图、表,且下载前已经企业有关部门审核,确认其符合国家有关法律法规和企业内审内控的相关规定。笔者对在此过程中给予帮助的共享单车企业管理人员表示感谢。

第二章　文献综述

第一节　数字经济、共享经济与共享单车

一、数字经济

数字经济是继农业经济、工业经济之后的主要经济形态,其快速发展引发了研究者的广泛关注。既有研究主要包括以下三个方面。

第一,关注数字经济的内涵和特征。作为一种新型经济形态,数字经济在何种意义上有别于传统经济? 这是研究数字经济首先需要回答的问题。诸多学者已经就此作出尝试:陈晓红等(2022)通过系统的文献研究,提炼出了数据支撑、融合创新、开放共享等数字经济的主要特征;黄少安(2023)通过引入"数字化经济"这一表述,尝试进一步厘清数字经济的内涵,强调数字化技术在数字经济发展中的关键作用;张文魁(2022)则重点强调数字经济各类特征的内生性,即数字经济的主要特质由数字技术及其应用方式内生决定。此外,许宪春和张美慧(2020)从数字经济的规模测算出发,就界定数字经济核算范围、确定数字经济产品、筛选数字经济产业等问题进行了专门讨论。

第二,关注数字经济发展带来的经济社会影响。正是因为数字经济具有前述种种有别于传统经济的特质,其快速发展也会在诸多方面带来有别于传统经济的独特影响。例如,由于过去各地在经济发展和招商引资等方面存在激烈角逐,地方政府通常会优先发展本地中心区域、避免增长的正外部性溢出到相邻区域。这导致我国各级行政区的边界地带长期面临发展困境(周黎安和陶婧,2011;马光荣和赵耀红,2022)。郭峰等(2023)却发现,数字经济所包含的数字

化技术降低了贸易成本,减弱了地理条件、地理位置对经济发展的制约,因而有助于克服地理障碍、缓解行政分割,从而带动行政边界地带实现相对更快的发展。此外,研究者还从就业结构(戚聿东等,2020;田鸽和张勋,2022)、劳动者权益(柏培文和张云,2021)、普惠金融与包容性增长(张勋等,2019)、创业与高质量发展(赵涛等,2020)等诸多角度讨论了数字经济的广泛影响。

第三,关注数字经济的各类产业实践,在具体产业场景下讨论数字经济的微观机理。这一方面的研究进展主要受益于数字经济企业,特别是互联网平台企业快速发展所形成的海量数据沉淀。既有研究基本覆盖了我们认知范围和生活经验所及的各类数字经济场景,包括电子商务(Agrawal and Shybalkina,2023;余建宇等,2022)、金融科技(Du et al.,2020;胡滨,2022)、酒店住宿(Edelman et al.,2017;刘诚等,2023)、共享出行(Alvarez and Argente,2022;唐方成等,2023)、外卖配送(He et al.,2023;蔡跃洲和顾雨辰,2023)、点评网站(Luca and Zervas,2016;李兵等 2019)、社交媒体(Bartov et al.,2023)、知识共享(Han et al.,2023)、文化创作与消费(Wu and Zhu,2022;Aguiar and Waldfogel,2021)等等。植根于上述具体场景,研究者还进一步讨论了诸多兼具产业价值与政策启示的问题,如数据作为生产要素的价值实现(Galperti et al.,2024;程华等,2023)、算法定价的作用(Johnson et al.,2023;赵传羽等,2023)、人与算法的互动(Leib et al.,2024;Liu et al.,forthcoming)等。

二、共享经济与共享单车

在数字经济的各类产业形态中,以优步(Uber)、爱彼迎(Airbnb)为代表的各类共享经济受到各界的广泛关注。因共享经济有助于提升资源利用效率、扩大服务覆盖范围,被视为绿色、环保、可持续的新型业态。迄今为止研究者还未就共享经济的定义与内涵达成共识。部分学者将协同消费(collaborative consumption)、按需经济(on-demand economy)、点对点交易(peer-to-peer trading)等词汇视作共享经济的同义词,而有的学者则对其进行了专门区别,指出了不同表述方式的侧重点与内涵差异(Belk,2014;Filippas et al.,2020;Jiang and Tian,2018;刘奕和夏杰长,2016)。

综合既有文献的讨论及大众的普遍认知,笔者倾向于从以下三个方面来理解共享经济。第一,从产权的角度出发,共享经济强调"使用而非拥有",即消费者只为使用而付费,不涉及产权的购买与转移(Lovelock and Gummesson,2004;Belk,2014;Posner and Weyl,2018)。从这个角度而言,电子商务、二手市场等涉及商品所有权交易的市场,并不属于共享经济的范畴。第二,从交易对象和交易过程的角度出发,共享经济的交易应当涉及实物商品或线下交互(Jiang and Tian,2018)。就此而言,只有线上互动的餐饮点评、知识付费等商业模式不在共享经济的框架之中。第三,在共享经济的交易过程中,应当呈现出一定规模的网络效应。[①]

网约车、共享住宿等早期共享经济商业模式多起源于美国或欧洲;与之相对,共享单车则是一项原创于中国的共享出行方式。作为一种致力于解决"最后一公里"问题的短途通勤工具,共享单车具有用户基数大、使用频次高、空间覆盖范围广等特质。关于共享单车的研究尚处于起步阶段,既有研究主要从三个方面展开讨论。其一是共享单车行业中的产业组织问题。共享单车企业在运营过程中面临诸多维度的优化决策,而这些问题与产业组织领域关于企业进入、企业定价、企业投资决策、供求空间匹配的研究高度相关。研究者围绕共享

[①] 值得注意的是,部分文献对于共享经济的定义额外施加了一条限制,即认为共享经济中的供给方(或者说共享标的物的产权所有者)应当是个人,由企业作为供给方的模式不属于共享经济(Tian et al.,2021)。因此,共享单车、共享充电宝、网约车企业的"专车"业务都被排除在共享经济之外,因为单车、充电宝、机动车均为企业所有。其实,共享经济中标的物的产权所有者到底是个人还是企业,在更大意义上是一个具体的产业组织问题,并不是共享经济的决定因素。哈吉乌和莱特(Hagiu and Wright,2015a,2015b)的研究表明,企业在交易过程中到底扮演交易场所(marketplace)还是售卖者(seller)的角色,取决于交易信息的可追溯性、工作任务的协调难度、工作努力的可观测性等。就长期而言,消费者、个体供给者和企业都面临着一系列认知的重塑和关系的再定义:所有权对消费者而言价值几何? 消费者是否会为了共享而调整购买决策? 网约车平台与司机之间是否属于雇佣关系? 这些演化也会动态决定共享经济的具体形态(Filippas et al.,2020;Hagiu and Wright,2019a,2019b)。因此,共享标的物的产权所有者是个人还是企业并非定义共享经济的决定性因素,而是产业组织当中的一个内生结果变量。

单车企业是否进驻新城市、如何动态定价、如何与对手竞争、应投放多少单车、如何划定停车区域、应将单车投放在什么位置以促成单车与消费者匹配等问题进行了细致的讨论(Fu et al.,2022;Pan et al.,2019;Yan,2022;Zhang et al.,2019;Wang et al.,2023)。其二是共享单车行业的经济社会影响。共享单车作为一种被大量用户高频使用的通勤工具,可能对城市交通、居民生活等产生广泛而深远的影响。例如,楚军红等(Chu et al.,2021)发现,共享单车进驻城市之后,居民可以通过使用共享单车去往地铁站,因而无需住在紧邻地铁站的区域。这有效降低了地铁站周边住房的溢价,事实上扩大了地铁作为一种交通基础设施的辐射范围。再如,张永平和米志付(Zhang and Mi,2018)基于上海的数据发现,共享单车可以显著降低城市二氧化碳和氮氧化物的排放。其三是共享单车使用过程中的用户行为问题。由于共享单车的使用完全在线下完成,共享单车企业无法全过程监控用户行为,这为诸多不端行为留下了空间。曹光宇等(Cao et al.,2024)的研究显示,当共享单车使用价格上涨时,用户会通过"假报修"的作弊行为以逃避付费。苏端等(Su et al.,2020)利用随机控制实验发现,发送警告信息和提供金钱激励有助于引导共享单车用户有序停车。

第二节　网络效应与平台竞争

一、网络效应与赢者通吃

网络效应刻画了一种产业组织特征,指用户的效用水平随同一网络中用户数量的增加而提升(Katz and Shapiro,1985)。网络效应又可以进一步分为直接和间接两种,分别对应单边市场(single-sided market)和双边市场(two-sided market)的产业组织形态。电话通信行业是具备网络效应的单边市场的代表:当同一通信网络中用户数越多时,用户通过该网络能够触达的群体就越大,该网络的价值和用户的支付意愿都随之提升。这一网络中的用户均为同质化个体,没有角色和分工的不同,他们共同构成整个通信网络,其效用水平取决于消费者群体的规模,这就是所谓的直接网络效应(Katz and Shapiro,1985)。与之相对,电商、网约车、共享住宿则是典型的双边市场:随着一端用户数量的上升,另一端用户的效用水平也随之提升。例如,卖家/司机/房东的数量越多,买家/乘客/住客就更愿意在该平台进行交易,而买家/乘客/住客数量更多时,卖家/司机/房东也更愿意在该平台提供服务。这种特征即为间接网络效应,平台经济相关文献有时将其称为"跨群外部性"(cross-group externality)(Rochet and Tirole,2006)。

具备网络效应的商业模式通常可以实现"滚雪球"式的快速增长,但同时也会引发关于赢者通吃(winner-takes-all)的担忧,法雷尔和克莱姆珀尔(Farrell and Klemperer,2007)在《产业组织手册(第三卷)》中专门讨论了这一问题:企业可以凭借网络效应锁定用户,使得用户无法在不同供给者提供的服务之间自由切换,从而偏离了市场的竞争性均衡。需要强调的是,此时"赢者通吃"中的"赢者"依然可以通过市场竞争的机制选出,但从社会计划者(social planner)角度而言,这种竞争却可能是低效的。一方面,海量的用户很难进行有效协调进而挑选出最优的企业,最终可能在非最优的网络上达成了一致;另一方面,由于锁定用户存在巨大的潜在收益,企业在前期可能进行低效的过度竞争。

二、用户多栖性、网络兼容性与平台竞争

需要指出的是,网络效应并不必然导致赢者通吃,用户多栖性(multi-homing)和网络兼容性(compatibility)可以有效地缓解关于垄断的担忧。"多栖"是指从用户角度而言,他们可以自由选择在多个平台间进行切换,比如同时使用 Uber 和滴滴的网约车服务;"网络兼容性"则是从平台的角度出发,指平台间的连通性,比如中国移动用户可以跨网与中国联通用户通话。用户多栖性和网络兼容性两种手段之间存在一定的可替代性,但二者并非完美的互相替代品(Doganoglu and Wright,2006)。

诸多研究讨论了用户多栖性在产业组织和平台竞争中的作用。哈拉布达和叶赫兹凯尔(Halaburda and Yehezkel,2013)的研究发现,当平台两端的信息

不对称程度的差距低于一定水平时,平台竞争反而会降低交易规模和福利水平;用户多栖性则可以有效解决该问题,修补市场失灵。但用户多栖性并不总能带来帕累托改进。布赖恩和甘斯(Bryan and Gans,2019)围绕网约车市场进行了研究,发现仅有一端用户多栖(乘客可以使用多个网约车平台)和两端用户同时多栖(乘客可以使用多个网约车平台、司机也可以在多个平台上接单),会对均衡产生不同的影响。阿姆斯特朗(Armstrong,2006)和莱斯曼(Rysman,2009)均指出,当双边市场中一端单栖、一端多栖时,平台在单栖的一侧实现了排他性(excludability),因而可以对多栖的一侧进行垄断定价。但贝尔夫兰姆和皮茨(Belleflamme and Peitz,2019)则对其结论提出了质疑,指出也有可能出现相反的结果(即单栖的一端受损、多栖的一端受益),或者两端均从中获益。

产业组织领域的研究也对网络兼容性问题进行了诸多讨论。例如,卡茨和夏皮洛(Katz and Shapiro,1985)的开创性研究指出,不同企业对于是否兼容其他网络会持有不同的态度:规模较大、声誉良好的企业会倾向于选择不兼容,而规模较小、实力较弱的企业则倾向于选择兼容。法雷尔和萨洛纳(Farrell and Saloner,1986)则从技术革新的角度指出,新技术对既有网络的不兼容会使早期用户承担超出应有比例的高额成本,进而在技术更新换代过程中导致过度惰性(excess inertia)。法雷尔和克莱姆珀尔(Farrell and Klemperer,2007)进一步指出,企业从自身利益出发,会倾向于与其他网络不兼容,这一现象在占据优势地位的企业当中尤为突出。为避免由于过度不兼容而导致的效率损失,监管机构有必要制定政策以提升网络兼容性。

第三节　数据要素与征信

一、数据要素

伴随着各类数字经济业态的蓬勃发展,数据逐渐成为与土地、劳动力、资本、技术等传统要素并列的一种新型生产要素(周黎安等,2021)。数据作为生产要素之"新",主要体现在它具备其他传统要素所不具备的若干特质。例如,数据具有非竞争性(non-rivalry),同一份数据可以被多次使用、新增使用者不会影响既存使用者的效用;再如,数据具有衍生性,是消费过程的副产品(by-product),而非如厂房、机器一般被专门创造出来用于生产。徐翔等(2021)、熊巧琴和汤珂(2021)对国内外的相关研究进行了较为完备的梳理。

以数据要素的各类特征为基础,既有研究从宏观和微观两个层面讨论了数据对经济产生影响的具体机制。其中,宏观经济学的研究主要从整体性视角考察数据对宏观经济的影响,维尔德坎普和钟(Veldkamp and Chung,2024)的综述文章将相关研究的分析框架分为三类:第一是将数据视为一种可以帮助企业优化生产决策的信息(Farboodi and Veldkamp,2021);第二是将数据视为创意和研究的来源(Jones and Tonetti,2020);第三则是重新考虑数据的衍生性,认为数据不仅是一种副产品,其本身也需要专门生产并与其他要素协同发挥作用(Abis and Veldkamp,2024)。[①]

就数据生产要素发挥作用的微观机制而言,相关研究综合采用理论建模和实证分析开展了广泛而深入的讨论。究其本质,数据是一种信息(Farboodi et al.,2019),所以可被用于纾解市场中广泛存在的信息不对称问题(Begenau et al.,2018;谢丹夏等,2022),也可以被用于预测、辅助企业决策(Bajari et al.,2019;Azevedo et al.,2020;Chen and Yuan,2023;Bar-Gill et al.,forthcoming)。具体到不同研究情境下,由于产业组织特征、企业生产方式、数据要素使用方式等各有不同,数据作为生产要素的价值实现过程也就相应而异。例如,康多雷利和帕迪拉(Condorelli and Padilla,2024)主要关注数据的跨市场价值,哈吉乌和莱特(Hagiu and Wright,2023)假定基于数据的产品改进可以提升消费者的支付意愿,普吕弗和肖特穆勒(Prüfer and Schottmüller,2021)主要关注数据在降低生产成本方面的作用,崔等(Choe et al.,2018)和程华等

[①] 此外还可参见法布迪和维尔德坎普(Farboodi and Veldkamp,2023)的综述文章。

（2023）则讨论了数据要素对企业定价的影响。

二、征信

数字金融特别是征信服务是体现数据作为生产要素的价值的重要场景。所谓征信，是指由专业化机构基于存量数据，利用大数据、人工智能等技术对市场主体的信用水平进行评估。征信服务的具体业务形态多种多样，其中最常见的是信用分，即以某一分数来刻画评估对象的信用水平。从理论上来说，征信是一种声誉（reputation）机制，而信用分则是评分（scoring）这种信息传递方式的具体案例。最新研究成果就信用分的最优设计问题进行了详细的讨论（Ball，2023；Chatterjee et al.，2023）。

就实证研究而言，既有文献对以费埃哲（Fair Isaac Corporation，FICO）信用分为代表的征信服务和各类声誉体系进行了广泛研究。例如，基斯等（Keys et al.，2010）利用"金融机构一般不向 FICO 信用分低于 620 分的人授信"这一规则，探究了资产证券化对金融机构授信审查的影响。实证结果表明，FICO 信用分在纾解信息不对称、提升金融市场效率的同时，也导致金融机构过度依赖相关经验法则，在授信过程中的审查过于宽松、风险控制不足，由此导致的风险又通过资产证券化等渠道进一步渗透扩散到整个金融系统，成为 2008 年金融危机的潜在诱因。基于类似的研究情景，其他学者还探讨了优质贷款与次级贷款的差异性表现（Keys et al.，2012）、灵活抵押贷款的优缺点（Garmaise，2013）、搜寻成本对金融市场的影响（Argyle et al.，2023）等一系列重要问题。

第三章　共享单车行业概述

共享单车起源于中国，其快速发展对我国的就业、城市建设乃至传统制造业转型升级都产生了广泛影响。[①] 自第一家共享单车企业 ofo 于 2015 年在北京成立之后，该种出行模式在短短数年内扩张到 20 多个国家，在全球范围内深度重塑了本地出行行业。本章将从业务形态、市场结构和企业进驻决策三个方面对共享单车行业进行简要介绍。

第一节　共享单车业务形态

在私人机动车普及之前，自行车与公交车一样，是中国居民的基本通勤方式之一。大部分城市还设有专门的自行车道，以保障居民骑行安全。而早在共享单车出现之前，有桩公共自行车系统便已在世界范围内出现，并伴随着实时通信、智能手机、电子锁、物联网等技术的不断创新而经历了数轮迭代（DeMaio，2003；DeMaio and Gifford，2004；DeMaio，2009；Zhang et al.，2015）。其基本运营模式是：运营主体（企业或地方政府）在一定区域内设置若干固定站点，并在每个站点设置一定数量的车架；用户需在各站点取车、还车，并按照骑行次数、距离和时长等付费。有桩公共自行车系统在一定程度上解决了城市居民的短途通勤需求，但由于其运营模式存在若干局限，覆盖范围和使用频次始终有限。该模式的主要问题在于两方面：其一，站点与用户出行的起

[①] 例如，工业和信息化部下辖的中国信息通信研究院 2018 年发布的《2017 年共享单车经济社会影响报告》表明，2017 年共享单车行业经济贡献达 2213 亿元，拉动社会就业 39 万人次，推动传统自行车产业智能化发展、带动产出 454 亿元。

点或终点之间通常还有一定距离,用户依然需要步行或借助其他代步工具;其二,站点的承载能力和企业的调度能力有限,部分站点可能会出现"无车可用"或者"车位已满、无法还车"等情况。

伴随着移动互联网、物联网等技术的进步和移动支付等数字经济基础设施的发展,同时以规模庞大的用户群体作为基础,无桩共享单车于 2015 年诞生于中国。其最核心的改变在于取消了固定点位限制,用户通过智能手机扫描车身二维码即可解锁车辆,用车结束后可以将其停在任何合规的区域内,从而实现"随时随地有车骑"。作为有桩公共自行车系统的"升级版",共享单车在用户规模、覆盖范围、产品体验等方面都有显著的提升。

作为第一家共享单车企业,ofo 先后经历了两种业务模式。在起步阶段,ofo 鼓励用户共享自己的个人自行车,同时获得全体共享单车的使用权。此阶段 ofo 采用"所有权换使用权"的方案,事实上是一种双边市场模式。伴随着业务量的快速上升以及物联网等技术的进步,ofo 将运营模式调整为自行采购、投放单车,用户为使用单车付费,由此转变为单边市场模式。截至本书出版之时,这依然是各共享单车企业的主要经营模式,与网约车平台的商业模式存在本质差别。但随着自动驾驶技术的发展和应用,网约车平台在未来也有向单边市场转化的可能。例如,乘客下单后,车辆自行从停车场驶至上车地点,而非由司机驾驶前来。从这一角度出发,本书关于共享单车的研究对广义上的共享出行行业也具备一定的借鉴意义。

第二节　共享单车行业的市场结构

ofo 和 Mobike 是共享单车行业的两家领军企业,于 2015 年 9 月和 2015 年 11 月分别成立于北京和上海。其中,ofo 在发展初期将其运营范围限定于各大学校园内部,于 2016 年 11 月 17 日正式宣布进入城市。到 2018 年 1 月,ofo 宣布已经进入 20 个国家、250 个城市,而 Mobike 也在 7 个国家的 176 个城市开展运营。ofo 和 Mobike 成功吸引了诸多共享单车企业的加入。本书主要聚焦于中国共享单车行业发展的初期,彼时 ofo 和 Mobike 共同占据了共享单车市场 90%～95% 的份额。①

共享单车行业的市场结构处于持续变化之中。ofo 自 2018 年 3 月完成 E2-1 轮融资后,由于公司治理结构等问题而面临现金流压力,市场规模持续收缩; Mobike 则于 2018 年 4 月被美团以 27 亿美元报价收购,后被更名为"美团单车"。在这两家企业之外,阿里巴巴投资的哈啰单车和滴滴自营的青桔单车后来居上,实现了较大增长。截至 2024 年底,共享单车行业的领军企业主要为哈啰单车、美团单车和青桔单车。

整体而言,自 2015 年诞生以来,共享单车的行业格局始终呈现多头竞争态势,并未如文旅出行(携程与去哪儿)、本地生活(美团与大众点评)、网约车(滴滴、快的与 Uber)等行业一样走向巨头合并、赢者通吃。虽然该行业陆续发生了美团收购 Mobike、ofo 陷入经营困难、滴滴自营青桔单车等影响行业格局的重要事件,但多家企业并存、市场份额相当的结构特征没有发生本质变化。

第三节　共享单车企业的进驻决策

共享单车虽然实现了从"有桩"到"无桩"的跨越,但依然主要服务于"最后一公里"等短途通勤需求。这决定了共享单车运营具有极强的本地性(locality)特征,即其线下服务在空间上是分割、独立的,具体到企业经营实践中则主要以城市为单位。② 给定这一特征,以及在实际运营中面临的诸多约束条件,共享单

---

① 不同来源的行业研究报告虽然对 ofo 和 Mobike 的市场份额划分存在分歧,但关于其总体规模的判断较为一致,即二者的用户占据共享单车市场绝大多数,其他企业的订单量较为有限。比达咨询《2016 中国共享单车市场研究报告》、易观智库《2017 年 6 月中国共享单车市场研究报告》、信诺数据(Trustdata)《2017 年 Q3 中国移动互联网行业发展分析报告》等均表达了类似观点。

② 当然,共享单车平台依然可以进行跨地域乃至全国层面的营销活动或广告投放,后续章节将通过日期固定效应对其加以控制。

车企业对市场的覆盖是分城市、分批次、分阶段的。这些约束条件包括但不限于以下几个方面：第一，在进驻新城市时企业需投放相当数量的新车，而自行车生产厂家的产能对于共享单车企业的扩张构成实质约束；第二，进驻新城市所需的新增车辆投放和配套营销活动均需要大量成本，而共享单车企业每次融资获得的资金仅能支持进驻若干城市；第三，共享单车企业需与交通、城管等行政主管部门沟通以获得进驻许可，但各城市的政府部门对于共享单车的管理思路不尽相同，沟通进度也不同步；第四，共享单车的商业模式极为依赖线下运维和调度人员，而城市运维团队的组建亦需要时间。上述约束条件导致共享单车企业在进驻各城市时面临诸多临时性、偶然性因素，因此其进驻时间具有一定的随机性。

但需要注意的是，共享单车企业进驻各城市的顺序和时间并非完全随机决定，仍然要综合考虑若干经济、社会因素。根据媒体公开报道和共享单车企业高级管理人员的观点，具体包括以下四个方面因素。其一是经济发展水平与人口规模。一个城市的经济实力大小、居民收入高低和人口数量多少，从根本上决定了共享单车的需求是否强劲，这也是共享单车企业优先进驻北京、上海、广州、深圳等特大城市的原因。其二是公共交通发展情况。自行车作为短途出行的工具，与公交车、出租车等城市公共交通基础设施存在一定的互补关系；城市公共交通发展情况对共享单车的使用具有重要影响。其三是移动终端普及度和互联网接入情况。用户解锁共享单车需要以智能手机为操作终端、利用移动互联网进行通信，互联网基础设施的普及程度将极大影响共享单车的推广和使用。其四是地形地势。自行车作为依靠人力蹬踏的非机动车辆，其使用范围受地形影响较大，地形崎岖的城市天然不适合骑行。① 本书第四章、第六章的实证分析将充分考虑上述因素对共享单车企业进驻决策的潜在影响。

---

① 本段内容综合整理自对 ofo 高级管理人员的访谈，以及 36 氪等创投媒体的报道。由于篇幅所限此处不再一一列举相关报道的链接。笔者对受访人员表示感谢。

第四章　共享单车行业的竞争效应

第一节　引言

一、研究问题

数字经济企业通常具有一定的平台属性,呈现出网络效应的特征。长期以来,监管机构、专家学者和社会公众均怀有一种惯性认知,即网络效应会导致用户向同一个平台集聚,最终导致赢者通吃。例如,英国数字竞争专家小组(UK Digital Competition Expert Panel,2019)在报告中指出:"在诸多情形下,数字经济的市场结构会发生'倾斜',某一赢家可能占据大部分市场。"与之类似,斯蒂格勒经济与国家研究中心(Stigler Center for the Study of the Economy and the State,2019)也曾强调:"数字平台企业所在的市场通常具备若干经济特征……而这些特征会使得市场结构逐渐演化为某企业的独家垄断。这些特征包括:(1)强大的网络效应,也即使用某产品的人数越多,该产品对其他用户的吸引力也就越大……"

我国诸多行业的发展进程似乎都在印证上述判断。例如,仅 2015 年一年之内,滴滴与快的、美团与大众点评、携程与去哪儿就先后合并。但共享单车行业的发展历程却呈现出截然相反的景象:虽然具有明显的网络效应特征,共享单车行业自诞生以来却始终呈现多头竞争态势,并未走向巨头合并、赢者通吃的格局。[①]

---

① 当然,在共享单车行业发展的不同阶段,参与市场竞争的领军企业有所变化,初期主要为 ofo 和 Mobike,如今则主要为哈啰单车、美团单车和青桔单车。可参见本书第三章第二节的相关介绍。

本章试图以竞争效应为切入点讨论这一问题。传统观点之所以强调"网络效应导致赢者通吃",本质是强调竞争对手之间的市场争夺(market-stealing)效应:如果竞争的主要作用体现为降低市场份额、减少营收压缩利润,平台企业自然有动机利用网络效应构建排他性网络、锁定用户,进而实现一家独大。但共享单车行业的发展历程表明网络效应不必然导致赢者通吃,进而启发我们思考另一种可能:在具备网络效应的市场中,竞争也可能具有市场扩张(market-expanding)效应。如果竞争对手对在位企业具有扩大市场规模、降低运营成本等积极效应,平台企业反而有动机"拥抱"竞争对手的进入。

在共享单车这样一个具备网络效应、处于快速增长阶段的新兴行业,新进企业对在位企业究竟有何影响?为什么共享单车行业没有走向一家独大、赢者通吃?本章围绕此问题进行了理论和实证分析,特别是重点关注了市场争夺效应和市场扩张效应之间的权衡。一方面,新进企业可能掠夺在位企业的存量用户,由此带来市场争夺效应;但与此同时,新进企业也可能吸引新用户、扩大总体市场规模,进而为在位企业带来增量,由此带来市场扩张效应。上述两重效应与企业内部和企业之间的网络效应紧密相关,共同决定新进企业对在位企业的整体影响。解构、分析上述两重效应,有助于我们理解网络效应与市场结构之间的关系,对监管机构在具有网络效应的市场中开展竞争评估、进行反垄断规制也具有借鉴意义。

二、研究方法与主要发现

本章整合了多个来源的数据,构造 DID 模型以探究 ofo 的主要竞争对手——Mobike——的进驻对 ofo 的影响。基于来自 ofo 内部记录的 ofo 进驻日期和从公开渠道手动收集的 Mobike 进驻日期,根据二者进驻不同城市的时间差异和先后顺序,样本城市被分为 59 个 ofo 先进驻城市、23 个仅有 ofo 进驻城市、22 个 Mobike 先进驻城市(以下分别以 ofo First、ofo Alone 和 Mobike First 指代)。由于笔者仅拥有来自 ofo 的运营数据,本章将实证分析主要限定在 ofo First 和 ofo Alone 两组城市构成的样本,以城市—日度层面的 Mobike

进驻作为处置变量(treatment variable)。当某城市仅有 ofo 运营时,该城市共享单车行业处于单一垄断(monopoly)状态;当某城市同时拥有两种品牌的共享单车时,该城市共享单车行业即处于双寡头垄断(duopoly)状态。

本章的基本实证分析主要有三方面发现。第一,Mobike 进驻有助于 ofo 实现市场扩张。就运营表现而言,Mobike 进驻后 ofo 订单量增长了 40.8%、平均实付金额提升了 0.041 元,免费订单占比下降了 3.7 个百分点。从新老用户的角度看,Mobike 进驻使得 ofo 存量用户的活跃度有所降低,但同时极大提升了新增用户数量;两相对比,后者在总体效应中占据主导。第二,Mobike 进驻会激励 ofo 提升单车投放数量,但与此同时 ofo 的单车使用效率(以车均订单量来测量)也同步上升。二者的共同提升意味着该结果不能用激进、浪费、不经济的投资战(investment war)来解释,因为投资战中的投资数量上升通常伴随着投资效率下降。第三,Mobike 进驻对 ofo 的积极效应也在地理范畴上成立。Mobike 进驻之后,ofo 单车可以覆盖更多的城市格点(每个格点面积约为 1 平方公里),ofo 订单在城市内的分布也更加均匀。基于格点数据的进一步分析表明,在人口密度更大、灯光亮度更高(也即经济活动更活跃)的格点,市场扩张效应更加明显。上述三方面实证结果共同表明,在共享单车这一具有网络效应的市场中,新进企业对在位企业的影响主要体现为市场扩张效应。

事前趋势检验(pre-trend test)的结果显示,在 Mobike 进驻之前,ofo 在 ofo First 和 ofo Alone 两类城市的运营绩效并无显著差异。但考虑到 Mobike 是 ofo 的主要竞争对手,其进驻各城市的时间选择很可能存在一定的内生性。为应对这一问题,本章以各城市的先定(pre-determined)特征和 Mobike 的八轮融资信息作为解释变量,利用久期模型(duration model)预测 Mobike 进驻各城市的时间,并据此构造工具变量(Instrumental Variable,IV)进行两阶段最小二乘(2-Stage Least Squares,2SLS)回归。基本实证结果在 2SLS 估计中保持稳健,从而进一步夯实了 DID 模型估计结果的因果性和可信度。

本章的基本实证分析表明,从订单数量、价格水平、用户规模、单车投放数量和使用效率、空间覆盖范围等维度来看,新进企业对在位企业均有显著的积极影响。面对这一实证发现,有三方面问题随之而来:其一,上述结果的具体实现机制是什么?其二,在位企业为何不自行扩张网络规模,而是等竞争对手进入市场后才追加投资?其三,在位企业增加单车投放数量之后,如何还能保证单车使用效率上升?为回应上述问题,本章构建了一个特征性模型(stylized model)以分别讨论单一垄断和双寡头垄断情形下的共享单车市场。在两种情形中,用户根据企业定价和找到单车的概率决定是否使用共享单车。企业在定价之外还要决定单车投放数量,进而影响用户成功找到单车的概率。直观而言,用户人数增加会导致"拥堵",进而引发负向的网络效应;但如果用户和单车之间的匹配过程具有规模报酬递增(increasing return to scale)的特性,用户人数增加可以提升匹配成功的概率,从而带来正向的网络效应。综合上述两个角度,本章通过理论模型来对比单一垄断和双寡头垄断市场中的企业在均衡状态下的定价和投资策略。

该模型不需要添加很强的条件即可推导出,双寡头垄断情形下的定价可能更高。但两种情形下订单数量、单车投放数量、单车使用效率的对比则要进一步取决于两方面因素。第一是网络效应。本章在理论模型中将用户与单车的匹配过程刻画为一种规模报酬递增的匹配技术(matching technology)。正是由于匹配过程具有规模报酬递增的特征,双寡头之间的竞争所产生的市场扩张效应远大于市场争夺效应,此时两家企业都愿意增加单车投放数量,进而提升订单数量。当规模报酬递增的程度足够高(也即网络效应足够大)时,上述过程也会同时提升单车使用效率。第二是成本凸性。如果车均运营成本恒定不变,网络效应会促使在位企业投放无穷多的单车,从而占据整个市场、阻碍竞争者进入;但如果车均运营成本随单车投放数量的上升而递增,企业就要在正向的网络效应和递增的车均运营成本之间进行权衡。当成本凸性足够大时,两家企业同时投资就比单一企业独自投资更有效率;因为匹配技术具备规模报酬递增的特征,竞争对手的投资可以扩充总体可用单车的数量,鼓励更多用户用车、提升匹配成功的概率,进而有助于提升在位企业的投资效率。在单一垄断市场中,垄断者需要独自承担所有的投资成本,而成本凸性决定了这样做的成本大于收益,因而无法实现与双寡头垄断市场同等水平的效率。

本章还从理论和实证两方面开展了进一步讨论。在理论上,本章考虑了若干替代性假说,说明了市场营销、价格战、投资战、外部产品的成本(cost of outside good)等因素为何无法充分解释本章的实证结果。在实证方面,本章根据理论模型的预测进行了补充检验,发现相关结果与模型预测高度吻合。

三、研究创新与主要贡献

本章研究内容与两方面文献密切相关。其一是关于网络效应的研究,具体而言又可分为理论和实证两部分。在理论方面,部分研究认为网络效应可能导致赢者通吃(Farrell and Saloner,1986;Katz and Shapiro,1985)。从用户的角度出发,在位企业的网络中的每一位用户,为了与其他用户处于同一网络之中,通常都不愿转移到新进企业的网络;而在某些情况下,用户们可能共同选择了某个"劣质"网络(例如,其服务效率可能较低)。从企业的角度出发,给定这种用户"惰性",在位企业也就有动机构建专有网络(proprietary network)以锁定用户,进而实现一家独大。上述理论分析强调了新进企业与在位企业对市场的争夺。但本章研究则表明,在真实情况下,市场扩张效应可能大于市场争夺效应,因此在评估网络效应对市场结构的影响时需要对两重效应进行统筹考虑。此外,在本章构建的理论模型中,企业可以通过投资以直接改变网络规模。该现象在现实生活中十分普遍,但相关理论研究尚不充足。

在网络效应的实证研究方面,既有研究多采用结构模型(structural model)方法,在交通出行情境下测度网络效应或分析供求匹配(Brancaccio et al.,2020a;Buchholz,2022;Fréchette et al.,2019;Castillo and Mathur,2023;Ghili and Kumar,2021)。与上述研究相比,本章所用数据存在两方面局限:一方面,本章仅用到 ofo 的运营数据、不掌握 Mobike 的相关数据,因而无法了解共享单车市场的总体情况;另一方面,共享单车用户通常用肉眼寻找单车、看到单车后才使用 App 解锁,因此本章无法利用企业数据评估"有骑行意愿但未找到单车"的未满足需求(unmet demand)。[①] 给定上述限制,本章并未尝试估计共享单车行业的用户—单车匹配函数,而是将网络效应作为给定的产业组织特征,考察新进企业对在位企业的影响。本章研究结论显示,因为新进企业的投资行为对在位企业存在正向溢出效应,所以在位企业不会独自完成全部投资以"独享"网络效应;对在位企业而言,搭竞争对手的"便车"比自身追加投资更加有效。

第二支相关文献则主要聚焦于新进企业对在位企业的影响。关于产业集聚的研究表明,在零售业(Jia,2008;Vitorino,2012)、制造业(Ellison et al.,2010)、汽车销售(Murry and Zhou,2020)等情境下,同业竞争既可能导致市场争夺,也可能扩展市场规模。在产业集聚的视角之外,贝里等(Berry et al.,2016)基于广播市场的研究发现,若新增内容与既有内容之间存在差异,则有助于扩展当地的广播市场,新增同质化内容则必然会争夺存量市场;下村研一和蒂斯(Shimomura and Thisse,2012)从企业规模的角度指出,大型企业进入市场固然会加剧大型企业彼此之间的竞争,但也可能挤出部分小型企业,进而使大型企业获益。上述研究与本章不同,均未考虑网络效应问题。

近年来,部分研究逐渐开始关注具有网络效应的市场中的竞争议题,特别是应用新技术的新进企业对传统在位企业的影响,例如克雷格列表(Craigslist)

---

① 交通出行领域关于供求匹配的实证研究面临一项共同挑战:若司机—乘客未能成功匹配,则乘客的部分出行需求实际上未被满足、在交易数据中也不可见。部分研究就此问题提出了解决方案,但相关计量方法对本章并不适用。例如,布赫霍尔茨(Buchholz,2022)在关于出租车的研究中,利用司机—乘客成功匹配的数据求解出司机的最优策略函数;在此基础上,虽然无法从数据中掌握乘客的全部需求,依然可以推断出空驶出租车的空间分布。但在共享单车情境下,不存在"司机"这类决策主体,因而也就无法应用该方法。布兰卡乔等(Brancaccio et al.,2020b)也提出了在空间模型中估计匹配函数的方法,希望克服未满足需求的数据不可得问题。该方法需要对需求侧的分布作出特定假设。但由于共享单车用户的潜在需求分布依赖于共享单车企业的单车投放决策,因此本章研究与该方法的适用情形也存在差异。

网站对报纸广告的影响(Seamans and Zhu,2014)、电视广告对报纸内容的影响(Angelucci and Cagé,2019)、网约车对出租车的影响(Berger et al.,2018;Kim et al.,2018)、Airbnb对酒店行业的影响(Zervas et al.,2017)。大部分研究均发现,新进企业对在位企业的影响当中,负面效应占主导;而这与本章的发现恰恰相反。雷谢夫(Reshef,2023)基于美国餐饮评分平台Yelp的研究发现,当有大批新餐厅进驻该评分平台时,高质量餐厅从中受益而低质量餐厅则会受损。该研究与本章研究的内容较为相近,但其关注点主要在于双边平台中某一方参与者彼此之间的竞争,而非两家平台企业之间的竞争。与之相对,ofo和Mobike则是两家不同的企业、各自拥有共享单车网络,而共享单车用户可以整体利用跨企业的总体网络效应。因此,本章研究更加强调企业内部和企业之间的网络效应及其影响。

除了对以上两方面文献进行拓展和补充外,本章研究内容还具有较为重要的政策启示。本章以共享单车行业为示例,说明了在具有网络效应的市场中,监管机构应当立足于行业自身的产业组织特征,对市场扩张效应和市场争夺效应给予同等关注。长期以来,监管机构容易怀有"网络效应导致赢者通吃"的惯性认知,认为网络效应会导致用户面临转移成本(switching cost)、不愿切换到新的平台,进而阻碍企业进入和市场竞争。本章的研究结果则表明,市场扩张效应可能大于市场争夺效应,在位企业有可能从竞争对手的进入中获益。因此,即便行业具有网络效应,平台企业也未必追求独家垄断,反而可能有动机"拥抱"竞争对手、搭竞争对手的"便车"。上述逻辑在诸多具有网络效应的行业中普遍成立,因此本章研究结论的适用性并非仅限于共享单车行业。[①]

---

① 事实上,诸多数字经济平台企业在发展初期,都会在某些传统市场扮演"破坏性进入者"(disrupting entrant)的角色,与传统服务商争夺存量客户,亚马逊(Amazon)对图书零售、Uber对出租车、Airbnb对酒店行业的冲击均属此类。但与此同时,由于传统服务商的服务价格较高、服务便利性不足,其市场覆盖范围始终有限,数字经济平台企业可以帮助相关行业极大拓展总体用户规模。

第二节 研究背景

一、共享单车的网络效应与成本凸性

本章以共享单车行业的网络效应特征为基础,重点关注共享单车企业间的竞争。[①] 共享单车行业的网络效应包括企业内网络效应和企业间网络效应两个维度。其中,企业内网络效应又可细分为两个来源。第一,共享单车的使用过程具有"消费即供给"的特征。A用户把单车从甲处骑到乙处,在满足自身出行需求的同时,还为从乙处出发的B用户提供了可用的单车;换言之,对于共享单车企业而言,A用户自身的消费过程同时也是B用户的供给。用户骑行的同时也扮演了"搬运工"的角色,从而极大扩大了共享单车服务的覆盖范围。[②] 如既有研究所述,共享单车作为致力于解决"最后一公里"通勤问题的短途出行方式(Chu et al.,2021;Kabra et al.,2020),其市场呈现出高度本地化的特质。当数以万计的用户在一个给定区域内使用共享单车时,单车的空间分布会更加广泛,用户预期找到单车的概率会更高,使用单车的意愿也会相应增强。第二,用户数量的上升会鼓励共享单车企业增加单车投放,而这又将进一步提升用户的用车意愿。

就企业间网络效应而言,ofo 和 Mobike 的单车彼此之间既是互补品也是

---

① 已有少量研究关注了有桩公共自行车系统的网络特征。贺璞等(He et al.,2021)基于伦敦的公共自行车系统,用结构模型估计了消费者偏好,认为现有的站点分布远未达到最优化。卡布拉等(Kabra et al.,2020)从巴黎的公共自行车系统获取了类似的数据,发现站点选址便利性和车辆可得性同时影响了消费者需求。无桩共享单车可以在一定程度上解决选址问题和车辆可得性问题,因为用户可能在自己的住所或工作地点附近找到单车,不再受到站点选址的约束。但与此同时,无桩共享单车的分布更为分散,特定时间、特定地点的单车数反而可能减少。在这一重意义上,本节所述的"消费即生产"机制非常重要,因为单车可得性主要依赖于其他消费者的使用路径而非站点的分布,"网络"的含义也从有桩模式下的"站点网络"变成了无桩模式下遍布于整个城市的"共享单车网络"。

② 也正是基于此特征,共享单车不再需要设置取车和还车的固定站点,从而有效缓解了传统有桩公共自行车系统所面临的空间、时间维度供需不匹配问题。

替代品。一方面,如果两家企业的单车同时、同地出现,由于二者除颜色之外的功能几乎完全一样,此时近似于完全替代品;但如果其中一种单车出现损坏等问题,另一家企业的单车就会成为互补品。另一方面,若两家企业的单车分布在不同区域,则二者共同组成联合网络,整个城市内的共享单车覆盖范围随之扩大。当共享单车的可得性(availability)更高(即用户需求与单车供给的匹配成功概率更高)时,用户会更愿意使用共享单车;而用户的使用行为本身又会帮助共享单车实现空间扩散、覆盖更广阔的城市区域。共享单车的"无桩"特质使得其具备天然的空间扩张趋势。

虽然共享单车具有"消费即生产"的特点,可借助用户的用车行为实现单车的空间移动,但线下运维和人力调度依然必不可少。共享单车企业的高级管理人员在受访时表示,车均运营成本呈现出 U 形特征:在初始阶段,伴随着单车数量的上升,确实会有一定程度的规模经济;但随着单车投放数量继续增加,线下运维所产生的可变成本会使得车均运营成本逐渐上升。共享单车企业在投放单车时,会优先考虑地铁站、大型购物中心等热点区域,而后依靠用户用车行为实现单车的扩散。该扩散过程的最终覆盖范围取决于单车使用效率和平均骑行距离。假设每辆单车每天被使用 N 次、每次骑行的平均距离为 1 km;一天过后,某热点区域投放的单车则应主要分布在半径为 N km 的空间内。与此同时,肯定有部分订单的骑行距离高于平均值(假设最远骑行 2 km),那么就会有部分单车分布在初始热点区域的 N km 以外、$2N$ km 以内。从运营管理的角度出发,虽然边缘地带(N km 以外、$2N$ km 以内)的单车肯定比核心区域(N km 以内)更加稀疏,但单车调度和维修工作必须覆盖全域(即整个半径为 $2N$ km 的区域)。

给定上述单车扩散过程和相应的运营需求,受访人员表示有两项因素会在后续阶段导致车均运营成本上升。第一,随着单车投放数量的增加,每个热点区域投放的单车经扩散后覆盖的范围越来越大,偏远地区出现共享单车(哪怕只有一辆)的概率也会随之上升。运维工作必须充分考虑这些空间分布意义上的"长尾"情形,并为之付出高昂的成本。第二,随着单车的空间分布越来越分散,线下运维人员规模不断上升、管理难度也不断增加。综合以上两方面原因,在短暂的规模经济阶段后,随着单车投放数量的增加,车均运营成本会逐渐上升。[①] 本章的第七节将针对这一成本凸性特征给出支持证据。

二、共享单车定价与用户行为特征

ofo 和 Mobike 的收费标准相近,均为结合骑行时间按次收费,其中 ofo 的价格为每小时 1 元,Mobike 的价格为每半小时 1 元。ofo 内部数据显示,99%以上的订单的骑行时间都在半小时以内,因此上述两种定价方式事实上是等价的。两家企业都会进行大规模市场营销活动,例如免费骑行日、骑行券、一元月卡等,因此每次骑行实际收取的价格通常会低于原始定价。[②] 由于市场营销活动导致的价格水平变动为本章研究共享单车企业定价策略提供了实证基础。

共享单车用户在用车过程中呈现出两方面行为特征。第一,由于共享单车的定价较低,且多数时间内存在大额优惠,用户在使用过程中更关注车辆可得性而非价格。当用户有用车需求时,通常会先在目力所及范围内寻找共享单车,而后用相应的 App 解锁,而非先在 App 中找车和比价,之后再选择单车。这种行动顺序与电商平台购物等情境下的"比价"(price shop)行为有很大差异。第二,正是出于对车辆可得性的关注,当某城市同时拥有多种共享单车时,共享单车用户会多栖于多个品牌。公开的行业研究报告和共享单车企业高级

[①] 给定共享单车企业运营成本的此项特征,有一个问题随之而来:既然车均运营成本随单车数量的增加而上升,共享单车企业为何不主动分拆运营团队、虚设若干运营子公司,以规避运营成本中的规模不经济(diseconomy of scale)? 主要原因在于,共享单车作为解决"最后一公里"问题的短途通勤手段,其运营管理呈现出高度本地化的特征。为及时调度单车、有效管理维修工人、根据当地情况开展营销活动,共享单车企业会在每个城市设立城市总部、委派城市经理并配备管理团队。该种安排使得每个城市运营管理均会产生一定的固定成本。分拆运营团队虽然有助于规避可变成本的规模不经济问题,但会导致固定成本的重复投入,因此共享单车企业并未采取这一策略。

[②] 虽然两家企业会对新用户进行额外优惠(比如前三次骑行免费),但绝大多数优惠同时适用于新老用户。

管理人员提供的内部资料均印证了这一点。[①] 本章第六节在构建理论模型时，将对共享单车情境下的消费者搜寻(consumer search)和用户多栖性进行讨论。

第三节　数据与样本

就来源而言,本章所用数据主要来自两方面:第一是由 ofo 提供的加总后的共享单车企业运营数据,第二是来自媒体报道、数据平台、统计年鉴等渠道的公开数据。就数据精度而言,本章所用数据包括城市—日度、城市、格点—日度、格点四个层面。本节将首先介绍各项数据和变量,而后说明样本构建的方法与规则。

一、城市—日度 ofo 运营情况

ofo 完整记录了用户的每一次用车行为,包括起止时间、起止地点、应付价格、实付金额等。根据每辆单车的首次使用时间,还可以反向推出各城市的车辆投放进程。为保护用户隐私,上述数据被统一加总到城市—日度层面。笔者共构造了以下三组变量。

第一是关于共享单车使用强度和价格水平的变量。使用强度定义为 c 市 t 日 ofo 的订单数量。在价格水平方面,如本章第二节所述,ofo 和 Mobike 两家企业的定价实际相同、均为每次骑行 1 元。但由于共享单车企业会进行各类优惠活动,因此用户实际支付的金额通常低于定价,存在一定波动。本章由此构造以下两个变量来描述共享单车的实际价格。其一是 c 市 t 日的平均实付金

[①] 公开行业研究报告可参见贵士移动(QuestMobile)发布的《共享单车行业研究报告(2017)》、信诺数据发布的《共享单车行业发展分析报告(2017 Q1 & Q2)》。某共享单车企业基于安卓手机用户的 App 安装列表进行测算,估计同时使用 ofo 和 Mobike 共享单车的用户至少占 30%～40%。但该数字应该仅为多栖用户占比的下限。一方面,该数字只考虑了同时安装两款 App 的用户,而未考虑同时使用微信小程序、支付宝生活号等端口的多栖用户。另一方面,该数字是在全国范围内计算的;但如果某城市仅有一家共享单车进驻,用户本身也没有必要同时安装两款 App。因此计算该指标时所用的分母偏高。

额。"实付金额"是指每次骑行当中,在抵扣了各类优惠之后用户实际支付的金额,而"平均实付金额"是其在城市一日度层面的均值。其二是 c 市 t 日的免费订单占比。在样本期内,两家共享单车企业有时会采取"免费骑"等较为激进的营销策略,产生大量实付金额为零的免费订单,"免费订单占比"表示 c 市 t 日 ofo 全部订单当中免费订单的比例。

第二是关于单车使用效率和单车投放数量的变量。本章首先利用城市一日度层面的新增单车投放数量计算出 c 市截止到 t 日的累计投放单车数量,再以 c 市 t 日的订单数量除以该累计投放数量计算出 c 市 t 日的车均订单量,并将其作为单车使用效率的度量指标。共享单车企业投放新车辆具有鲜明的离散化特点。一般而言,企业会选择某几个日期进行大批量投放,而非持续不断地逐日少量投放。考虑到这一特征,各市的新增单车投放数量被加总到月度层面。在后续分析当中,与单车投放数量相关的实证检验也均相应采用城市一月度数据。

第三是与用户数量和活跃情况相关的变量。假定用户 i 于 t 日注册成为 ofo 用户,则其在 t 日被记为新用户,在 $t+1$ 日及之后的时间被记为老用户。ofo 在此基础上提供了三项指标:其一是 c 市 t 日的新增用户数;其二是以 c 市 t 日有用车记录的老用户数为分子、以 c 市截至 t 日老用户总人数为分母,计算得出老用户活跃度;其三是以 c 市 t 日老用户的总订单量为分子、以 c 市 t 日有用车记录的老用户数为分母,计算得出老用户人均订单数。

二、共享单车进驻时间和城市特征

在城市层面,笔者共收集了三方面信息。第一是通过企业网站、媒体报道、微信推送等渠道手动收集 Mobike 进驻各城市的日期。在进驻各城市前,Mobike 都会通过上述互联网渠道进行宣传推广。此外,Mobike 在进驻部分城市时,可能在正式宣布之前开展为期数日或数周的试运营,此时以试运营开始时间作为其进驻日期。根据该信息即可定义本章的核心自变量 $PostEntry_{ct}$。假定 Mobike 于 t 日进驻 c 市,则 $PostEntry_{ct}$ 在 t 日及之后的时间内取 1,$t-$

1 日及之前取 0。附录一表 A‑1 汇总报告了 ofo 和 Mobike 进驻各城市的时间。

第二是通过 ofo 内部运营档案确认其在各城市调整运营范围的日期。如本书第三章所述，ofo 曾在一段时间内将运营范围限制在全国各地的校园之内，而后逐步调整运营范围、扩大到各个城市。根据该日期即可定义虚拟变量 $Campus_{ct}$ 以表示 ofo 的运营状态，若 ofo 在 c 市 t 日将运营范围限定在校园之内则该变量取 1，否则取 0。

第三是通过公开数据收集影响共享单车企业进驻决策的城市特征。如本书第三章所述，共享单车企业进驻各城市的顺序和时间并非随机决定，而是要综合考虑经济发展水平与人口规模、公共交通发展情况、移动终端普及度和互联网接入情况、地形地势四方面因素。关于前三类因素，2016 年《中国城市统计年鉴》提供了人口规模对数值、人均国内生产总值（GDP per capita）、出租车数量、公交车数量、道路面积、移动电话数、接入互联网户数等变量。[①] 为刻画地形地势方面的差异，本章利用 ArcGIS 软件和数字高程模型（Digital Elevation Model，DEM）计算了城市的平均坡度。上述变量在后文中统称为"城市特征"。

三、城市—日度气象条件和空气质量

共享单车作为一种出行方式，其用户需求还受到诸多环境因素的影响。如果气象条件较为恶劣或空气质量不佳，用户可能会减少出行或换用其他交通方式。中国气象数据服务中心公开提供气象观测站点—小时层面的气象条件数据。[②] 本章在城市—日度层面计算了温度、风速、降水量、相对湿度 4 项指标的均值，并以协同克里金插值（co-kriging interpolation）方法补齐了缺失数据

---

① 2016 年《中国城市统计年鉴》报告的是各城市截至 2015 年底的相关数据。由于本章所用回归样本的时间区间为 2016 年 5 月 29 日—2017 年 9 月 14 日，故上述城市特征数据对本章样本期而言是先定的。除人口对数值之外，其他变量都用人口进行了标准化处理。

② 该平台网址为 http://data.cma.cn/，其原始数据来源为中国气象局。

(Vicente-Serrano et al.,2003)。中国空气质量在线监测分析平台收集了生态环境部发布的空气质量历史数据并面向公众开放查询。[①] 本章以空气质量指数(Air Quality Index,AQI)衡量城市的总体空气状况。

四、格点特征和格点—日度 ofo 运营情况

ofo 还提供了格点—日度层面的三项运营指标,分别是订单数量、活跃用户数、活跃单车数。此处所谓的"格点"系根据精确到小数点后两位的经纬度来定义。例如,从(23.163 2°N,113.357 8°E)和(23.167 7°N,113.352 9°E)两处出发的行程,都会被记作格点(23.16°N,113.35°E)内的订单。活跃用户数则在用户维度进行了去重。假设某格点某天共有 10 笔订单,其中 A 用户骑行 3 次,B 用户骑行 2 次,C 用户骑行 5 次,则活跃用户数为 3。活跃单车数的统计逻辑与此相同,只是将去重的单位从用户替换为单车。

以格点—日度数据为基础,本章进一步计算了两项城市—日度指标。其一是 c 市 t 日 ofo 订单覆盖的格点数量,该指标衡量了 ofo 共享单车网络的空间覆盖范围。其二是 c 市 t 日 ofo 订单的空间分布基尼系数,该指标表征 ofo 共享单车网络的空间分布均匀程度。具体而言,借鉴艾莱西那等(Alesina et al.,2016)对基尼系数的定义,c 市 t 日的基尼系数定义为:

$$\frac{1}{n}\left[n+1-2\left(\sum_{g=1}^{n}(n+1-g)q_{gct}\Big/\sum_{g=1}^{n}q_{gct}\right)\right] \tag{4-1}$$

其中,q_{gct} 表示 c 市 t 日起点位于 g 格点的订单数量。该系数以 c 市所有曾经有过 ofo 订单的格点为计算基准;若 t 日 g 格点没有订单,则记 $q_{gct}=0$。$g=1,\cdots,n$ 是将 q_{gct} 按照非递减方式(nondecreasing,也即 $q_{gct}\leqslant q_{g+1,ct}$)排列后所得的编号。

本章还进一步收集了格点特征数据,并将其与格点—日度数据匹配以便进

---

① 该平台网址为 https://www.aqistudy.cn/historydata/,其原始数据来源为生态环境部网站。

行实证分析。具体而言,本章利用夜间灯光亮度、人口密度的栅格数据(raster data)构造各个格点的经济活跃程度和人口规模代理变量。其中,夜间灯光亮度数据由索米国家极地轨道伙伴卫星(Suomi National Polar-orbiting Partnership,Suomi NPP)搭载的可见光/红外光影像辐射仪(Visible Infrared Imaging Radiometer Suite,VIIRS)拍摄,并由科罗拉多矿业大学(Colorado School of Mines)加工并发布。人口密度数据则来自南安普敦大学(University of Southampton)主持的世界人口项目(WorldPop)。本章所用的上述两项数据均为 2015 年样本,因此相对于本章研究的样本期而言是先定的、不会受到共享单车行业发展的影响。基于格点经纬度和栅格数据的地理位置信息,ArcGIS 软件可以计算出每个格点内的平均夜间灯光亮度和平均人口密度。[①] 在每个城市内部,根据本市格点夜间灯光亮度或人口密度的 25%、50%、75%分位数,全部格点会被进一步分为四组,以便后续开展异质性分析。

需要说明的是,由栅格数据计算得出的格点夜间灯光亮度、人口密度并不足以完美刻画每个格点的经济活跃程度或人口规模,仅是较为粗糙的代理变量。例如,吉布森等(Gibson et al.,2021)便曾指出,夜间灯光数据仅能在一定程度上体现夜间经济活动的活跃度,但不足以精确测度人类生产或消费活动的总体水平。与之类似,WorldPop 的底层数据库是各国人口普查数据。人口普查虽然可以较为精确地测量总体人口规模,但无法描绘劳动人口每天的行动轨迹和通勤路线。

总体而言,ofo 提供的格点—日度指标仅有三项、信息量较为有限,本章自行构造的格点特征指标也较为粗糙,因此基于这部分数据开展的实证分析有一定局限性。有关结果可以呈现 Mobike 进驻对城市内不同格点的异质性影响,但相关数据无法提供单车或用户的行动轨迹等进一步信息。有鉴于此,本章的

---

① 经统计,格点平均夜间灯光亮度和平均人口密度的相关系数为 0.51,这表明二者分别刻画了各格点不同维度的差异性。

实证分析主要围绕城市—日度数据展开,格点层面的分析仅作为一种补充证据。

五、样本构建

ofo 提供的原始数据的样本区间为 2015 年 9 月 7 日—2017 年 9 月 14 日。本章从以下三个维度对该样本进行了精练:第一,由于《中国城市统计年鉴》只报告地级市的数据,自治州、盟和地区这三类地级行政区的数据从样本中被删除;第二,Mobike 进驻丽江市、常州市、惠州市、潮州市、邢台市和重庆市六个城市的具体时间不可得,因而从样本中删去;第三,由于北京是 ofo 正式运营的第一个城市,经历了定价策略、单车工业设计等多维度的变化,与其他城市的可比性较低,因此也从回归样本中删去。精练后的城市—日度面板数据共有 19 631 条观测值,样本期为 2016 年 5 月 29 日—2017 年 9 月 14 日。

表 4-1 的三个子表分别报告了城市—日度层面、城市层面、格点—日度层面变量的描述性统计。其中,任何一个变量的描述性统计都分为全样本、ofo First、ofo Alone 和 Mobike First 四个口径进行报告。从表 4-1b 可知,无论从哪个维度而言,ofo First 城市都比 ofo Alone 城市更"大";而在 ofo First、ofo Alone 这两组城市中,Mobike First 城市与前者更为相似。上述发现与本书第三章第三节征引的媒体报道和访谈结论高度一致:共享单车企业更倾向于优先进入规模更大、发展程度更高的城市,ofo First 与 ofo Alone 两组城市并不完全可比。下一节将介绍本章所用的计量模型,以期解决上述问题。

表 4-1　描述性统计

样本	全样本		ofo First		ofo Alone		Mobike First	
统计量	均值	标准差	均值	标准差	均值	标准差	均值	标准差
a:城市—日度变量								
样本数	19 631		13 560		2 633		3 438	
Mobike 进驻	0.616	0.486	0.639	0.48	0	0	1	0
订单量(log)	—	2.124	—	2.074	—	1.386	—	1.968

样本	全样本		ofo First		ofo Alone		Mobike First	
统计量	均值	标准差	均值	标准差	均值	标准差	均值	标准差
a：城市—日度变量								
平均实付金额（元）	—	0.207	—	0.195	—	0.229	—	0.23
免费订单占比（%）	—	22.774	—	23.716	—	19.869	—	20.276
新增用户数（log）	—	1.997	—	1.974	—	1.789	—	1.648
活跃老用户占比（%）	—	13.668	—	12.955	—	16.471	—	13.905
老用户平均订单数	—	0.388	—	0.41	—	0.351	—	0.305
ofo覆盖格点数（log）	5.469	1.21	5.539	1.265	4.709	0.862	5.777	0.959
订单分布基尼系数	0.864	0.09	0.882	0.086	0.788	0.092	0.852	0.067
是否仅在校园运营	0.163	0.369	0.22	0.415	0	0	0.061	0.24
风速（m/s）	2.677	0.883	2.661	0.901	2.679	0.861	2.74	0.823
温度（℃）	21.276	7.69	20.167	8.164	23.515	5.708	23.935	5.838
降水量（mm）	0.171	0.486	0.152	0.455	0.208	0.519	0.219	0.567
相对湿度（%）	73.831	16.31	72.662	16.786	74.259	16.763	78.115	12.99
空气质量指数	84.196	47.688	87.795	51.345	77.956	37.909	74.782	36.304
b：城市特征								
样本数	104		59		23		22	
人口对数值（万人）	6.101	0.632	6.196	0.558	5.814	0.818	6.143	0.535
人均GDP（万元）	6.699	3.356	6.94	3.254	5.981	3.118	6.804	3.885
出租车数量（辆）	5 076	6 903	6 351	6 265	2 041	1 951	4 829	10 326
公共汽车数量（辆）	3 030	4 475	3 775	4 871	942	731	3 215	5 073
道路面积（万平方米）	3 281	3 189	3 952	3 476	1 628	1 268	3 212	3 249
移动电话用户数（万户）	688	586	807	603	367	218	706	689

样本	全样本		ofo First		ofo Alone		Mobike First	
统计量	均值	标准差	均值	标准差	均值	标准差	均值	标准差
b:城市特征								
互联网接入户数（万户）	142	160	171	185	71	44	141	146
平均坡度	459	571	447	548	597	745	345	391
c:格点—日度变量								
样本数	38 220 294		28 731 201		1 629 528		7 859 565	
订单量(log)	—	1.594	—	1.594	—	1.072	—	1.679
活跃用户数(log)	—	0.783	—	0.785	—	0.458	—	0.824
活跃单车数(log)	—	0.793	—	0.795	—	0.466	—	0.833

注:为保护企业商业机密,部分变量的均值以"—"标识,另有部分变量的描述性统计未汇报。

第四节　计量模型

本节首先介绍基准 DID 模型及事前趋势检验的模型设定,而后引入 IV 以尝试解决 Mobike 进驻的内生性。

一、基准 DID 模型

本章采用 DID 模型识别 Mobike 进驻对 ofo 的影响,以 Mobike 分城市、分批次的进驻作为 DID 模型中的处置变量。由于本章仅用到 ofo 运营数据、不掌握 Mobike 运营数据,因而基准分析主要基于 ofo First 和 ofo Alone 两组城市,以 ofo First 城市为处置组(treatment group)、ofo Alone 城市为对照组(control group)。Mobike First 城市会在稳健性检验中被纳入回归样本。基准 DID 模型设定如方程(4 - 2)所示:

$$Y_{ct} = \alpha_c + \gamma_t + \beta PostEntry_{ct} + X'_{ct}\pi + [S_c \times f(t)]'\theta + \mu G_c \times T + \varepsilon_{ct}$$

$$(4 - 2)$$

其中 Y_{ct} 代表 c 市 t 日的结果变量,例如订单数量、平均实付金额、免费订单占比、车均订单量等;$PostEntry_{ct}$ 为本章的核心自变量,代表 c 市 t 日 Mobike 的进驻情况。对 ofo First 城市而言,Mobike 进驻之前该变量取 0、Mobike 进驻当日及之后该变量取 1。ofo Alone 城市的 $PostEntry_{ct}$ 始终取 0,Mobike First 城市的 $PostEntry_{ct}$ 始终取 1。β 为本章主要关心的参数,刻画了 Mobike 进驻对 ofo 运营绩效的影响,也即共享单车市场中的竞争效应。

α_c 和 γ_t 分别代表城市和时间固定效应。需要说明的是,此处的时间固定效应 γ_t 包含两组时间虚拟变量,分别是公历日期和相对日期。其中前者为表示公历日期的一组虚拟变量,用以表征 2016 年 5 月 29 日、30 日……2017 年 9 月 14 日等日期,捕捉的是同一天内的全国性冲击,如法定节假日、全国性优惠活动等;后者为表示 ofo 累计运营时间的一组虚拟变量,用以表示 ofo 在该城市运营的第 1 天、第 2 天等天数,刻画的是 ofo 在每个城市的自然扩张趋势。X_{ct} 包括气象条件、空气质量、表征 ofo 将运营范围限定在校园之内的虚拟变量。ε_{ct} 为误差项。

考虑到共享单车在不同城市的发展趋势可能因城市特征而异,本章借鉴迪弗洛(Duflo,2001)的方法,在回归中加入城市特征 S_c 与时间函数 $f(t)$ 的交互项。具体而言,$f(t)$ 包括以下三种形式:(1) ofo 进驻该市以来累计运营天数的一次、二次和三次项;(2) 公历日期固定效应;(3) 相对日期固定效应。此外,为进一步控制处置组与对照组城市的趋势性差异,本章还加入了表示城市组别的虚拟变量 G_c(ofo First 城市取 1、ofo Alone 城市取 0)与线性时间趋势 T 的交互项。在汇报回归结果时,上述控制变量将被逐个加入回归方程中,以检验系数估计的稳健性。

二、事前趋势检验

将 DID 模型的估计系数解读为因果关系的前提条件之一是平行趋势假定(parallel trend assumption),即如果 Mobike 没有进驻,处置组与对照组城市的结果变量没有趋势性差异。由于 Mobike 事实上已经进驻了 ofo First 城市,事后趋势平行与否是无法观测的反事实（counterfactual）情形。本章估计方程（4-3）以进行事前趋势检验（Jacobson et al.,1993；Autor,2003）：

$$Y_{ct} = \alpha_c + \gamma_t + \sum_{k=2}^{14} \lambda_{-k} A_{ck} + \beta PostEntry_{ct} + X'_{ct}\pi + [S_c \times f(t)]'\theta + \mu G_c \times t + \varepsilon_{ct}$$

$$(4-3)$$

其中 A_{ck} 为一组虚拟变量，表示 t 日是 Mobike 进驻 c 市之前的 $2k-1$ 至 $2k$ 天。为保证 λ_{-k} 估计值有足够的统计效力，每相邻的两天被合并为一个区间（bin），且 Mobike 进驻前 4 周以上的日期统一记为 $k=14$。为保证模型的可识别性，Mobike 进驻前的第一天和第二天（也即 $k=1$）被设定为基期。方程（4-3）中其他符号的含义与方程（4-2）相同。① $\{\lambda_{-k}\}_{k=2}^{14}$ 的估计值刻画了 ofo First 城市与 ofo Alone 城市的结果变量在 Mobike 进驻前长达 4 周时间内的可比性。如果在控制各类固定效应和时间趋势后，两组城市总体可比，则 $\{\lambda_{-k}\}_{k=2}^{14}$ 的估计值应该在统计上均不显著。

三、IV 和 2SLS 估计

加入城市特征与时间函数的交互项可以在一定程度上控制城市间的异质性趋势，进而缓解关于遗漏变量的担忧。但上述基准 DID 模型依然面临反向因果问题的挑战。如果 Mobike 进驻城市的决策是对 ofo 运营情况的策略性回应（strategic response），那估计方程（4-2）所得的 β 代表的就是这种内生性回应，而非 Mobike 进驻带来的竞争效应。为解决这一问题，就需要构造与 Mobike 进驻相关，但独立于 ofo 运营情况的工具变量。本章尝试利用城市特征和 Mobike 融资信息来预测 Mobike 进驻每一城市 c 的日期，并在此基础上构建工具变量。

---

① 之所以将 Mobike 进驻前 4 周（28 天）作为归并点、将 28 天以上的时间统一记作 $k=14$，是因为在 59 个 ofo First 城市当中，有 20 个城市的 ofo 和 Mobike 进驻时间差在 28 天以内。这意味着，如果进一步延展归并点到更长的期限，用于估计新增期限对应系数的可用样本会越来越少，统计效力也会大为降低。

Mobike 成立于 2015 年 11 月 1 日,此后 Mobike 即可进驻全国的任意一个城市。对于 ofo First 城市而言,Mobike 实际进驻 c 市的日期与 2015 年 11 月 1 日之间的时间间隔即相当于久期模型中的生存时间(survival time)。对于 ofo Alone 城市而言,Mobike 直到样本期结束都未进驻该城市,故生存时间统一记为 683 天,也即 2015 年 11 月 1 日与 2017 年 9 月 14 日之间的时间差。根据 Mobike 八轮融资的时间和金额,可进一步计算出 Mobike 进驻每个城市的日期距离最近完成的一轮融资的天数。以实际生存时间作为因变量、以城市特征和融资信息作为自变量估计比例风险久期模型(proportional hazard duration model),即可预测每个城市的生存时间中值(median survival time)。2015 年 11 月 1 日加上该预测生存时间,即为久期模型预测的 Mobike 进驻每一城市的日期。根据该预测日期可进一步定义工具变量 $\widehat{PostEntry}_{ct}$,该变量于预测进驻日期之前取 0、之后取 1。[①]

有效的工具变量需要满足外生性和相关性两方面要求。就其相关性而言,图 4-1 呈现了预期进驻日期与实际进驻日期、预期进驻次序和实际进驻次序之间的关系。图中的点均集中在 45°线周围,表明久期模型预测的 Mobike 进驻与实际进驻情况高度相关。

就其外生性而言,构造工具变量共用到城市特征和融资信息两类变量。其中,城市特征为样本期前的先定变量,因而具有良好的外生性。就融资信息而言,该工具变量面临以下两方面挑战。其一,ofo 在全国范围内整体运营情况会反映共享单车行业的总体景气程度,可能会进而影响 Mobike 的融资进展。但基准 DID 模型已经控制了时间固定效应,可以在较大程度上解决这一问题。

---

① 此外,在构造工具变量时,本章还尝试为每个城市 c 计算两方面的空间维度的信息:其一是城市 c 距离上海(Mobike 总部所在地)的距离,其二是城市 c 距离 Mobike 在进驻该市之前所有已进驻城市的最短距离。这两个变量既可以作为解释变量加入久期模型,也可以独立作为工具变量与 $\widehat{PostEntry}$ 一起加入 2SLS 回归当中。本章的实证结果在上述做法下保持稳健。

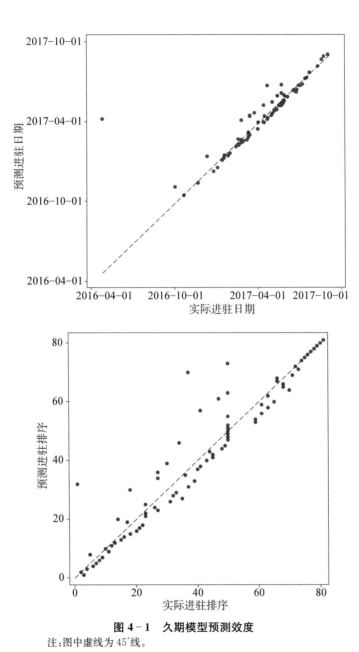

图 4 - 1　久期模型预测效度

注:图中虚线为 45°线。

其二,各城市的共享单车市场可能面临若干需求侧的随机冲击。此类冲击对笔者不可见,但对 Mobike 和 ofo 等共享单车企业而言是可知的。假如 Mobike 能够利用此类信息说服投资人,从而在进驻新城市前获得融资,则其融资时间就可能存在内生性。假定上述情况确实存在,一个相应的合理假设是:较大规模城市共享单车市场的需求应当被优先满足,更需要资本支持,所以投资机构会更关心 Mobike 在较大规模城市的扩张策略。但后续稳健性检验表明,如果将 Mobike 在每轮融资之后新进入的城市以人口规模中位数为界分为两个子样本进行回归,Mobike 进驻带来的竞争效应反而在较小城市(也即城市人口规模位于中位数以下的城市)更为明显。这意味着投资人对个别城市需求侧冲击的策略性回应不会是本章实证结果的主要驱动力。给定城市特征和融资信息两方面变量均有较好的外生性,$\widehat{PostEntry}_{ct}$ 应该独立于 ofo 在城市—日度层面的运营情况。

需要额外说明的是,本章后续分析共享单车企业的单车投放行为时,实证模型设定与方程(4-2)和(4-3)完全相同。但由于单车投放数据过于离散,需要将数据颗粒度从城市—日度调整为城市—月度。此时,核心自变量 $PostEntry_{cm}$ 被重新定义为 c 市 m 月当中 $PostEntry_{ct}$ 取 1 的天数占该月总天数的比重,工具变量也相应调整为 c 市 m 月中预测 Mobike 进驻天数(也即 $\widehat{PostEntry}_{ct}$ 取 1 的天数)的占比。气象条件和空气质量数据均在月度层面取平均值,时间固定效应和时间函数也从日度调整为月度层面。

第五节 基本实证结果

本节将分四部分介绍基本实证结果。第一部分关注 Mobike 进驻对 ofo 订单数量、价格水平、单车投放数量和单车使用效率的影响,同时汇报基准 DID 模型的事前趋势检验、稳健性检验和 2SLS 估计结果;第二部分从新老用户的角度进一步分析竞争对手进驻带来的市场扩张和市场争夺效应。前两部分结果主要基于城市—日度数据开展分析,第三、第四部分则汇报了利用格点数据进行实证分析的结论。其中,第三部分关注共享单车网络的空间覆盖范围和空间分布均匀程度,第四部分则考察了 Mobike 进驻对不同类型格点的异质性影响。

一、订单数量、价格水平、单车投放与使用效率

表 4-2 报告了对方程(4-2)的普通最小二乘(Ordinary Least Squares, OLS)估计结果,结果变量包括订单数量、平均实付金额和免费订单占比。其中,模型(1)只控制了城市和时间固定效应,模型(2)—(4)依次加入了城市特征与各类时间函数 $f(t)$ 的交互项,模型(5)—(7)则在其基础上进一步加入了处置组城市独有的线性时间趋势。各模型估计系数总体较为稳健,传递了类似的信息,即 Mobike 进驻提升了 ofo 的订单数量和价格水平。以设定最为复杂的模型(7)为例,其估计结果表明,Mobike 进驻后 ofo 订单数量提升 40.8%,平均实付金额上涨 0.041 元,免费订单占比则降低 3.7 个百分点。就使用强度和价格水平而言,Mobike 进驻带来了显著的市场扩张效应。为简洁起见,本章后续表格中与模型(7)相同的设定不再逐一标识各固定效应和控制变量、统一记为"基准模型设定"。

为检验处置组与对照组城市结果变量的事前趋势平行与否,本节在模型(7)的设定下估计方程(4-3)。$\{\lambda_{-k}\}_{k=2}^{14}$ 的点估计值及 95%置信度的置信区间如图 4-2 所示,其中图 4-2a、4-2b 和 4-2c 分别对应以订单数量、平均实付金额和免费订单占比作为因变量的回归结果。所有系数的估计值在统计上均不显著,也未呈现出明显的波动趋势。① 上述结果表明,在控制城市固定效应、气象条件、空气质量、因城市特征而异的时间固定效应、处置组城市线性趋势后,ofo First 和 ofo Alone 城市的结果变量在 Mobike 进驻前呈现出相似的时间趋势。

---

① 如果对 $\{\lambda_{-k}\}_{k=2}^{14}$ 的估计值进行联合显著性检验,在 95%的置信度水平下无法拒绝"系数全为零"的原假设。该结果同样意味着处置组和对照组城市结果变量没有显著的事前趋势差异。

表4-2 Mobike进驻对使用强度与价格水平的影响

	模型(1)	模型(2)	模型(3)	模型(4)	模型(5)	模型(6)	模型(7)
因变量:订单数量对数值							
Mobike进驻	0.370*	0.439**	0.535***	0.491**	0.346**	0.402**	0.408**
	(0.211)	(0.181)	(0.199)	(0.207)	(0.166)	(0.181)	(0.185)
因变量:平均实付金额							
Mobike进驻	0.029***	0.027***	0.030***	0.035***	0.031***	0.031***	0.041***
	(0.009)	(0.008)	(0.010)	(0.011)	(0.008)	(0.010)	(0.011)
因变量:免费订单占比							
Mobike进驻	-2.288**	-2.311**	-3.132**	-3.589**	-2.170**	-2.717**	-3.695***
	(1.131)	(1.117)	(1.487)	(1.563)	(0.971)	(1.287)	(1.399)
是否仅在校园运营	控制	控制	控制	控制	控制	控制	控制
气象条件	控制	控制	控制	控制	控制	控制	控制
空气质量	控制	控制	控制	控制	控制	控制	控制
城市固定效应	控制	控制	控制	控制	控制	控制	控制
公历日期固定效应	控制	控制	控制	控制	控制	控制	控制
相对日期固定效应	控制	控制	控制	控制	控制	控制	控制
处理组时间趋势		控制					
城市特征×高次时间趋势			控制				
公历日期固定效应					控制	控制	
相对日期固定效应				控制			控制
聚类数	82	82	82	82	82	82	82
样本数	16 193	16 193	16 193	16 193	16 193	16 193	16 193

注：*、**、***分别表示10%、5%、1%的统计显著性水平。本书后续表格统计显著性的标记规则与此相同，不再重复说明。

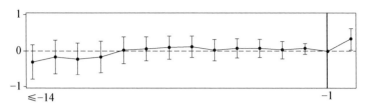

a:订单数量对数值

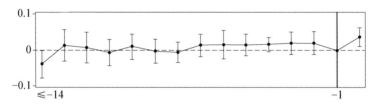

b:平均实付金额

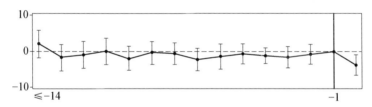

c:免费订单占比

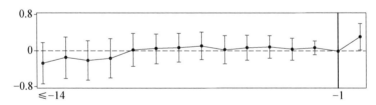

d:车均订单数量对数值

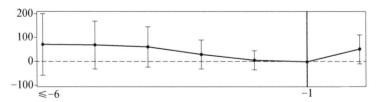

e:单车投放数量

图4-2 事前趋势检验

事前平行趋势只是 DID 模型有效的必要条件而非充分条件,事前趋势检验并不能完全回应关于内生性的担忧。如本章第四节所介绍,笔者还以 $\overset{\frown}{PostEntry}$ 作为工具变量进行了 2SLS 估计,表 4-3 汇报了相应的结果。一阶段回归结果的 Kleibergen-Paap F 检验值超过 8 000,表明工具变量 $\overset{\frown}{PostEntry}$ 与解释变量 $PostEntry$ 强相关、不存在弱工具变量(weak IV)问题。订单数量、平均实付金额和免费订单占比作为因变量的 2SLS 估计结果则与表 4-2 中的结果高度一致,由此验证了基准 DID 模型估计结果的稳健性和可信性。

表 4-3　Mobike 进驻对使用强度与价格水平的影响:2SLS 估计

因变量	Mobike 进驻	订单数量对数值	平均实付金额	免费订单占比
估计模型	一阶段	2SLS	2SLS	2SLS
工具变量	0.949***			
	(0.011)			
Mobike 进驻		0.478**	0.045***	−3.999***
		(0.199)	(0.012)	(1.493)
基准模型设定	控制	控制	控制	控制
Kleibergen-Paap F 检验	8 000.251	/	/	/
聚类数	82	82	82	82
样本数	16 193	16 193	16 193	16 193

表 4-4 报告了以单车使用效率和单车投放数量为因变量的回归结果,其模型设定与表 4-2 模型(7)相同。针对每个因变量均同时采用了 OLS 和 2SLS 两种估计方式。如本章第四节结尾部分所述,以单车投放数量作为结果变量时,各变量均相应调整为城市—月度层面。估计结果表明,Mobike 进驻促使 ofo 增加了单车投放数量,同时也提升了以车均订单数为测度的 ofo 单车使用效率。与这两项因变量对应的事前趋势检验结果则汇报于图 4-2d、4-2e 当中。

表 4-4　Mobike 进驻对单车投放数量与使用效率的影响

因变量	车均订单对数值		单车投放数量	
估计模型	OLS	2SLS	OLS	2SLS
Mobike 进驻	0.392**	0.457**	57.526**	58.384**
	(0.185)	(0.198)	(27.789)	(27.391)
基准模型设定	控制	控制	控制	控制
聚类数	79	79	79	79
样本数	15 770	15 770	616	616

注:因为三个城市的单车投放数量缺失,所以表 4-4 中的聚类数较表 4-3 减少了 3 个。

笔者从以下三个方面对上述结果进行稳健性检验。

第一,虽然事前趋势检验表明处置组与对照组城市的结果变量在 Mobike 进驻前的趋势基本平行,但这依然无法完全解决关于样本可比性的担忧。笔者为此进行了两方面尝试:其一是将 ofo Alone 城市样本删除,仅保留 ofo First 城市进行子回归分析,从而将比较对象限制在处置组样本内部;其二是加入 Mobike First 样本,同时保留三类城市进行全样本回归,以扩充对照组的样本范围。附录二表 B-1 汇报了相应的结果。其中,模型(1)和模型(2)为仅保留 ofo First 城市子样本的 OLS 和 2SLS 估计结果,模型(3)和模型(4)则为使用三类城市全样本的 OLS 和 2SLS 估计结果。所有系数估计值的大小和显著性均与表 4-2、表 4-3 和表 4-4 中的结果相近,说明本节的回归结果并非由特定样本构成所驱动。

第二,ofo 和 Mobike 进驻部分城市的时间非常接近,相差可能仅数天,这种情况可能更接近同期进驻(simultaneous entry)而非先后进驻。此时,由于 Mobike 进驻速度太快、留给 ofo 的时间十分有限,ofo 可能来不及作出回应。在 ofo First 城市中,ofo 和 Mobike 进驻日期相差天数的中位数为 61 天。为保证 β 刻画的是 Mobike 进驻带来的竞争效应、排除同期进驻等其他潜在可能,笔者尝试仅保留进驻日期相差天数在中位数以上的 ofo First 城市,将其与 ofo

Alone 城市组成新的样本,重新估计 Mobike 进驻的竞争效应。附录二表 B-2 汇报了相应的结果,前述实证结果在子样本回归下均保持稳健。这有助于缓解关于自变量定义方式的担忧。

第三,本节从三个维度检验工具变量有效性和 2SLS 估计的稳健性。首先,估计比例风险久期模型要依赖于对基准风险函数形式的设定。此前 2SLS 估计中所用工具变量来自以威布尔(Weibull)分布为基准风险函数的久期模型,此外还有对数—正态(log-normal)和双对数(log-log)两种分布可供选择。其次,此前计算生存时间所用的时间起点为 Mobike 成立日期(2015 年 11 月 1 日)。但 Mobike 成立之后,直到 2016 年 4 月 29 日才进驻第一个城市——上海。因此可以尝试换用 2015 年 12 月 1 日、2016 年 1 月 1 日、2016 年 2 月 1 日、2016 年 3 月 1 日、2016 年 4 月 1 日作为时间起点,进而重新计算生存时间、估计久期模型。上述两个维度的稳健性检验结果统一报告于附录二表 B-3,其中每个子表对应一个结果变量,每行对应一种基准风险函数形式,每一列对应一种起始日期的选择。除表 B-3e 的最后一行外,所有回归结果的系数大小和显著性水平都与基准回归结果相近;而表 B-3e 最后一行的系数估计虽然不显著,但系数大小和符号方向也与表 4-4 类似。最后,如本章第四节所述,为检验 Mobike 融资进展与分城市进驻决策的潜在关联,可以将 Mobike 在每轮融资之后新进入的城市以人口规模中位数为界分为两个子样本,分别与 ofo Alone 城市组成回归样本。如果 Mobike 融资与进驻特定城市的决策存在强相关性,一个随之而来的假设是投资机构应当更关心 Mobike 在较大规模城市的扩张策略,不会对进驻三、四线城市提出明确的要求。附录二表 B-4 的回归结果表明,Mobike 进驻带来的竞争效应在较小规模的城市(也即城市人口规模位于中位数以下的城市)依然存在,且从统计上来看更为显著。这表明 Mobike 的融资进展不会被特定规模的城市驱动。

二、用户维度的市场扩张与市场争夺效应

本章的既有回归结果表明,从订单数量、价格水平、单车使用效率等角度而

言,Mobike 进驻对 ofo 的总体影响表现为市场扩张效应。然而本章第二节也曾提到,如果两家企业的单车同时、同地出现,由于二者除颜色之外的功能几乎完全一样,近似于完全替代品,因而也可能存在市场争夺效应。以下将尝试从 ofo 新老用户的角度出发进一步探究市场扩张和市场争夺两种效应。①

表 4-5 中的估计结果表明,Mobike 进驻使得 ofo 新增用户数量大幅上升。但与此同时,老用户中活跃用户占比则下降了 4.1～4.4 个百分点。考虑到在企业发展过程中老用户数量会不断累积增加,4.1%～4.4% 的老用户流失是数量相当可观的市场争夺效应。此外,虽然 Mobike 确实造成了部分原有用户的流失,但留存用户的平均订单数没有显著变化。就价格而言,新老用户的平均实付金额均有所上升,因此 Mobike 进驻导致的价格水平上涨并非由"补贴新用户、收割老用户"驱动,而是整个用户群体用车价格的普遍上涨。总体而言,Mobike 进驻兼具市场扩张和市场争夺效应,二者分别体现在 ofo 新用户的增加和老用户的流失;其中前者占据主导效应,因而此前观察到 Mobike 进驻对 ofo 的订单数量、价格水平、单车使用效率等均具积极效应。

三、空间覆盖范围和分布均匀程度

市场扩张效应的另一个呈现维度是共享单车网络的空间分布。本章以 ofo 订单所覆盖格点数量刻画 ofo 共享单车网络的空间覆盖范围,以订单在格点间分布的基尼系数刻画 ofo 共享单车网络的空间分布均匀程度。其中基尼系数有两种计算方式:其一是以 c 市曾经有过 ofo 订单的所有格点为基准;其二则是以 Mobike 进驻前曾经有过 ofo 订单的格点为基准,Mobike 进驻后 ofo 才覆盖的格点不计入其中,从而避免基尼系数过多受到新增格点的影响。

表 4-6 报告了相应的回归结果。从中可知,Mobike 进驻显著提升了 ofo 共享单车网络所覆盖的格点数目,也使得订单在各格点间的分布更加均匀。即便仅关注早在 Mobike 进驻前便已被 ofo 覆盖的格点,Mobike 进驻也使得这部

---

① 由于不掌握 Mobike 的用户数据,本章涉及的"新用户""老用户"都是从 ofo 的角度而言的。

表4-5 用户维度的市场扩张与市场争夺效应

自变量	新增用户数对数值		活跃老用户占比		老用户人均订单		平均实付金额（新用户）		平均实付金额（老用户）	
估计模型	OLS	2SLS	OLS	2SLS	OLS	2SLS	OLS	2SLS	OLS	2SLS
Mobike 进驻	0.652***	0.735***	-4.126***	-4.353***	-0.005	-0.003	0.029***	0.030***	0.032***	0.034***
	(0.228)	(0.243)	(1.446)	(1.551)	(0.036)	(0.039)	(0.007)	(0.008)	(0.008)	(0.009)
基准模型设定	控制	控制	控制	控制	控制	控制	控制	控制	控制	控制
聚类数	82	82	82	82	82	82	82	82	82	82
样本数	16 193	16 193	16 193	16 193	16 193	16 193	16 193	16 193	16 193	16 193

分格点内的订单分布在空间上更加均匀。结合本节此前报告的回归结果,表4-6进一步在地理空间维度印证了 Mobike 进驻的市场扩张效应。

表 4-6　Mobike 进驻对 ofo 共享单车网络空间分布的影响

因变量	ofo 覆盖格点数对数值		订单分布基尼系数		订单分布基尼系数(进驻前格点)	
估计模型	OLS	2SLS	OLS	2SLS	OLS	2SLS
Mobike 进驻	0.195**	0.225**	−0.035***	−0.038***	−0.027**	−0.031***
	(0.081)	(0.086)	(0.007)	(0.008)	(0.010)	(0.011)
是否仅在校园运营	控制	控制	控制	控制	控制	控制
气象条件	控制	控制	控制	控制	控制	控制
空气质量	控制	控制	控制	控制	控制	控制
城市固定效应	控制	控制	控制	控制	控制	控制
公历日期固定效应	控制	控制	控制	控制	控制	控制
相对日期固定效应	控制	控制	控制	控制	控制	控制
城市特征×相对日期固定效应	控制	控制	控制	控制	控制	控制
处置组时间趋势	控制	控制	控制	控制		
聚类数	82	82	82	82	59	59
样本数	16 193	16 193	16 193	16 193	13 560	13 560

注:"进驻前格点"的定义依赖于 Mobike 的进驻信息,故而该版本的基尼系数仅在 ofo First 城市可定义。以该版本基尼系数为结果变量时,回归样本中仅有处置组城市,没有对照组城市,故无法控制处置组时间趋势,聚类数也相应下降到 59(即 ofo First 城市个数)。

四、格点异质性分析

为考察 Mobike 进驻的竞争效应的空间异质性,本节还进行了格点—日度层面的子样本回归。具体而言,根据各市格点层面 2015 年的夜间灯光亮度或人口密度,每个市的全部格点都会以 25%、50%、75% 分位数为界被分为四组。不同市的同组格点(例如,所有夜间灯光亮度在本市 25% 分位数以下的格点)组成子样本后被用于重新估计方程(4-2)。此时结果变量为格点—日度层面对数形式的订单量、活跃用户数、活跃单车数,回归模型还在原方程的基础上进一步控制了格点固定效应。

对应的回归结果如表4-7所示。从夜间灯光亮度这一维度出发,Mobike进驻的影响在亮度最高的第四档(也即夜间灯光亮度排在本市75%～100%区间内)格点最为显著。除此之外则呈现出一定程度的非线性特征,夜间灯光亮度属于第二档的格点受影响最低,第一和第三档的格点受影响程度相当。从人口密度的视角出发,除了少数特殊情况之外,Mobike进驻的影响基本随着人口密度的提升而单调递增,在人口密度最高的格点效果最强、在人口密度最低的格点效果最弱。但通观表4-7的所有结果,无论是根据夜间灯光亮度还是人口密度划分子样本,Mobike进驻对订单量、活跃用户数、活跃单车数均有显著的积极影响,这与城市—日度层面的实证结果高度一致。

简言之,Mobike进驻对ofo在所有格点的运营均有普遍的积极影响,但在每个市经济活动最活跃、人口密度最高的格点,效果最为明显。这一异质性结果与吉利和库玛(Ghili and Kumar,2021)的研究结论高度一致。他们基于纽约市网约车市场的研究发现,所有网约车平台的司机都会向繁忙区域(以人口密度和离曼哈顿的距离来衡量)集聚。

第六节　理论模型

本章第五节基于城市—日度和格点—日度数据的分析均表明,Mobike进驻虽然会造成ofo部分原有用户流失,但总体而言市场扩张效应比市场争夺效应更为明显。对于上述结果,一个直观的解释是,两家共享单车企业进行了高强度市场营销,进而扩大了全行业市场规模。但回归结果显示,Mobike进驻实际上提升了ofo的价格水平,这表明上述发现并非由激进的价格战所驱动。那么是什么机制导致ofo订单总量和价格水平双双上涨?为什么在Mobike进驻

表 4-7 格点异质性分析

子样本	夜间灯光亮度				人口密度			
	0%~25%	25%~50%	50%~75%	75%~100%	0%~25%	25%~50%	50%~75%	75%~100%
因变量：订单总量对数值								
Mobike 进驻	0.114***	0.039*	0.099***	0.378***	0.052***	0.036**	0.113***	0.430***
	(0.025)	(0.023)	(0.023)	(0.080)	(0.017)	(0.017)	(0.034)	(0.092)
因变量：活跃用户数对数值								
Mobike 进驻	0.048***	0.019*	0.043***	0.153***	0.022***	0.020**	0.048***	0.173***
	(0.012)	(0.011)	(0.009)	(0.039)	(0.007)	(0.008)	(0.013)	(0.047)
因变量：活跃单车数对数值								
Mobike 进驻	0.048***	0.019*	0.044***	0.154***	0.023***	0.020**	0.049***	0.173***
	(0.012)	(0.011)	(0.010)	(0.040)	(0.008)	(0.008)	(0.014)	(0.047)
基准模型设定	控制	控制	控制	控制	控制	控制	控制	控制
格点固定效应	控制	控制	控制	控制	控制	控制	控制	控制
聚类数	82	82	82	82	82	82	82	82
观测数	7 584 291	7 592 350	7 596 472	7 587 616	7 584 291	7 592 350	7 596 472	7 587 616

之后,ofo 有动机提升单车投放数量? 如果增加单车投放仅是另一种形式的营销手段,为什么单车使用效率也会提升? 既然增加单车投放有利可图,为何在 Mobike 进驻之前 ofo 没有这样做? 本节尝试构建一个简单而富有解释力的特征性模型,在一个统一的框架内回答上述问题。

一、模型设定

本节假定企业以利润最大化为目标。[①] 假设每个城市市场中有 $[0,1]$ 上的连续统(continuum)消费者,每名消费者都需要完成一次出行、该次出行的价值标准化之后为 1。消费者既可以使用共享单车,也可以采用其他出行方式(即外部产品)。如果消费者采用共享单车以外的其他出行方式(例如驾驶私人汽车或乘出租车),需要付出个人成本 c。该成本的取值范围为 $[0,1]$,累积分布函数为 $F(c) = 1 - (1-c)^\theta$。其中, $\theta > 0$ 且为公共知识(common knowledge)。当 $\theta > 1$ 时,密度函数对 c 递减;当 $\theta < 1$ 时,密度函数对 c 递增。

消费者能否在附近找到单车存在不确定性,本节以加总匹配函数(aggregate matching function)来刻画相应的概率。具体而言,假设市场中有 u 单位的消费者具有用车需求、 v 单位的单车可供使用,则匹配成功的数量可以表示为柯布-道格拉斯函数 $m(u, v) = Av^\alpha u^\beta$,其中 $1 \geqslant \alpha, \beta > 0$。本节假定匹配函数具有规模报酬递增的特性,[②]以刻画共享单车市场中的正向网络效应:用户使用共享单车的过程,同时也在帮助共享单车企业"搬运"单车;当更多用户使用共享单车时,其他用户也更容易找到单车。与之相对,乘数 A 也会影响匹配效率。 A 是一个独立于单车数量(v)和搜寻单车的消费者数量(u)的常数,代表网络中性(network-neutral)的其他技术特征,例如消费者对共享单车

[①] 在共享单车等快速增长的新兴行业,企业的目标函数中可能还包含其他要素(比如绝对市场规模或相对市场份额)。本书附录三的拓展 C1 和 C2 对此进行了专门讨论,发现将企业目标函数调整为更一般的形式不影响本节理论模型的主要结论。

[②] 有诸多既有研究采用了与本节模型类似的假定,例如甘犁和张庆华(Gan and Zhang, 2006)、彼得罗戈洛和皮萨里德斯(Petrongolo and Pissarides, 2006)、加瓦扎(Gavazza, 2011)、布利克利和林(Bleakley and Lin, 2012)等的研究。

的了解程度、共享单车 App 的研发质量等。

给定上述匹配函数,一名消费者找到单车的概率为 $q = m(u, v)/u = Av^\alpha u^{\beta-1}$。本节进一步假定消费者只进行一次搜索,一旦他未能找到单车,其收益即为 0。这一假定反映出共享单车作为"最后一公里"通勤方案的特点,即消费者希望尽快找到单车,而一旦找不到就会采用其他替代性通勤方案,而非持续不断进行搜索。[①]

本节考虑如下两种情形。在第一种情形下,市场中只有单一垄断企业提供共享单车服务;在第二种情形下,双寡头垄断企业在市场中互相竞争。两种情形下的行动顺序保持一致:(1)企业首先设定价格水平和单车投放数量;(2)多栖消费者选择使用共享单车或其他通勤方式完成出行;(3)如果消费者选择使用共享单车,他有一定的概率能够成功找到车;(4)多栖消费者成功找到车后,只要价格低于 1 就会选择使用该单车完成出行。

在单一垄断市场的情形下,垄断者需要决定价格 p 和单车投放数量 v。相应的投资成本为 $\varphi(v) = \dfrac{1}{2}v^2$。[②]在双寡头垄断市场的情形下,本节假定两家企业的投资成本均为 $\varphi(v)$。[③]此时,两家企业同时决定单车投放数量 (v_1, v_2) 和价格 (p_1, p_2)。该种设定同时意味着两家企业均不具备斯塔克尔伯格(Stackelberg)博弈中先行者所必需的承诺能力(commitment ability),因为 ofo 和 Mobike 均会频繁调整其价格水平和单车投放数量。给定 v_1 和 v_2,消费者找到企业 i 的单车的概率为 $q_i = A(v_1 + v_2)^\alpha u^{\beta-1} v_i/(v_1 + v_2)$,其中 $A(v_1 + $

---

① 在现实情境中,消费者如果未能找到共享单车,依然可以用其他通勤方式完成出行。但是与从一开始就选择其他通勤方式相比,消费者此时会面临一定的延迟。此处假定一旦找不到车其收益即为 0,只是对这种"延迟"的标准化处理。

② 因为与本节的讨论无关,此处成本函数中未包括固定成本。但如本章第二节所述,固定成本本身非常重要。正是由于固定成本的存在,共享单车企业才不会主动分拆运营团队、虚设若干子公司进行运营。

③ 从模型普适性角度来说,可以不必假设二者具有相同的成本函数。但是对称的情形从理论上而言更容易求解,而且现实中 ofo 和 Mobike 也确实比较相似。

$v_2)^a u^{\beta-1}$ 为找到单车的概率，$v_i/(v_1+v_2)$ 代表所找到的单车属于企业 i 的概率。此处传递的信息与本章第二节描述的用户行为特征一致，即用户随机进行搜寻、不会定向寻找某辆特定的单车。

本节接下来求解上述博弈在单一垄断情形下的子博弈精练均衡（以上标 m 标识）和双寡头垄断情形下的对称子博弈精练均衡（以上标 d 标识）。在两种情形下，企业的目标函数均为最大化其利润 $pM-\phi(v)$，其中 p 和 v 分别为该共享单车企业的定价和单车投放数量，M 则为该企业单车与消费者匹配成功的总次数。通过对比两种情形下的均衡即可探究竞争对手进入对在位企业的影响。

二、均衡分析

本节首先作出如下两项假设：

假设 4-1 参数 α、β、θ 满足 $\zeta \triangleq \dfrac{\alpha(1+\theta)}{1+\theta(1-\beta)} < 2$，因此共享单车企业在均衡状态下不会投放无穷多的单车。

假设 4-2 A 足够小，以保证单一垄断情形下均衡状态时找到单车的概率 q^m、双寡头垄断情形下均衡状态时找到单车的概率 $q_1^d+q_2^d$ 均小于 1。

在上述两项假设之下，即可求解单一垄断和双寡头垄断两种市场结构下的唯一均衡价格和单车投放数量。

引理 4-1 在假设 4-1 和 4-2 的前提下，单一垄断市场存在唯一的子博弈精练均衡，双寡头垄断市场存在唯一的对称子博弈精练均衡。前一种情形下的定价和单车投放数量分别为：

$$p^m = \frac{1+\theta(1-\beta)}{1+\theta} \in (0,1) \tag{4-4}$$

$$v^m = [A^{\frac{1+\theta}{1+\theta(1-\beta)}} \zeta(1-p^m)^{\frac{\theta\beta}{1+\theta(1-\beta)}} p^m]^{\frac{1}{2-\zeta}} > 0 \tag{4-5}$$

在后一种情形下，两家企业会将价格和单车投放数量分别设定在：

$$p^d = \frac{2}{2 + \dfrac{\theta\beta}{1+\theta(1-\beta)}} \in (0,1) \tag{4-6}$$

$$v^d = \left[\frac{1}{2} A^{\frac{1+\theta}{1+\theta(1-\beta)}} \omega(1+\zeta) \right]^{\frac{1}{2-\zeta}} > 0 \tag{4-7}$$

其中 $\omega = 2^{\frac{\theta\beta-(1+\theta)(1-\omega)}{1+\theta(1-\beta)}} (1-p^d)^{\frac{\theta\beta}{1+\theta(1-\beta)}} p^d > 0$。

本书附录三提供了均衡分析的相关技术细节。直观而言,从成本—收益的视角出发,假如企业投放数量为 v 的单车,其收益与 v^ζ 成比例、成本则与 v^2 成比例(单一垄断市场和双寡头垄断市场均是如此)。假设 4-1 的作用即在于确保成本相比于收益呈现出更大的凸性。此外有两点需要额外说明。第一,ζ 严格大于匹配函数的参数 α。原因在于,单车投放数量增加会带来两重收益:其一,单车数量增加,消费者找到单车的概率更高,α 捕捉的即为该部分直接收益;其二,单车数量增加,参与搜寻的消费者数量增加,这部分收益则由消费者私人成本分布参数 θ 和匹配函数的参数 β 共同决定。ζ 是上述两重收益的加总,因而必然大于 α。第二,当找到单车的概率上升时,消费者的回应方式是一以贯之的。因此无论在单一垄断市场还是双寡头垄断市场情形下,ζ 均保持不变,但 v^ζ 一项的系数则会有不同。

根据引理 4-1,本节将依次对两种市场结构下的价格、单车投放数量、订单数量、单车使用效率进行讨论。其中订单数量定义为企业单车与用户需求成功匹配的数量,在单一垄断市场中为 $TV^m = m(u^m, v^m)$,在双寡头垄断市场中则为 $TV^d = m(u^d, v_1^d + v_2^d) \dfrac{v_1^d}{v_1^d + v_2^d}$。①单车使用效率则定义为成功匹配数量与单车数量的比值,两种市场结构下分别为 $r^m = \dfrac{TV^m}{v^m}$ 和 $r^d = \dfrac{TV^d}{v_1^d}$。 首先可得出如下命题:

---

① 因为本节仅考虑对称子博弈精练均衡,所以此处仅以企业 1 为例。

命题 4 - 1 在均衡状态时,双寡头垄断市场中企业设定的价格 p^m 一定高于单一垄断市场中企业设定的价格 p^d。

命题 4 - 1 的含义较为直观。当市场中只有一家企业时,提价会减少进行搜寻的消费者人数,由此带来的负面影响全部由该企业独自承担。如果当前定价已经处于最优水平,那么提价的边际收益(每次成功匹配带来的收益由此上升)应该等于边际成本(提价导致进行搜寻的消费者人数减少)。与之相对,如果企业处于双寡头垄断市场中,提价依然会减少进行搜寻的消费者人数,但该负面影响由两家企业共同承担。提价对竞争对手造成的负外部性并不会被企业完全内部化(internalize),因此提价的边际成本会降低(一部分由竞争对手承担),但边际收益依然维持不变。换言之,市场竞争会淡化提价对每家企业自身需求函数的冲击,这也在一定意义上等价于每家企业面临的需求弹性下降,所以提价会带来额外的收益。由此可知,无论消费者个人成本函数分布或匹配技术效率呈现什么特征,当市场从单一垄断转变为双寡头垄断时企业定价都会上升。

下一项命题则对比了均衡状态时的单车投放数量(v^d 和 v^m)和单车使用效率(r^d 和 r^m)。

命题 4 - 2 在均衡状态时,当且仅当如下条件成立时,竞争对手进驻会提升在位企业的单车投放数量($v^d > v^m$):

$$2^{\zeta - 1} > \frac{2\alpha(1+\theta)}{\alpha(1+\theta)+1+\theta(1-\beta)} \frac{(1-p^m)^{\frac{\theta\beta}{1+\theta(1-\beta)}} p^m}{(1-p^d)^{\frac{\theta\beta}{1+\theta(1-\beta)}} p^d} \quad (4-8)$$

在此基础上,当以下条件成立时,竞争对手进驻会提升在位企业的单车使用效率($r^d > r^m$):

$$\frac{v_d}{v_m} > \frac{(1+\zeta)p^d}{2\zeta p^m} \geqslant 1 \quad (4-9)$$

此外,当 $\zeta \leqslant 1$(也即 $\theta\beta - (1+\theta)(1-\alpha) \leqslant 0$)时,必有 $r^d < r^m$。

方程(4 - 8)给出了 $v^d > v^m$ 的条件。直观而言,方程(4 - 8)不等号左侧的部分($2^{\zeta-1}$)刻画了市场扩张效应和市场争夺效应的加总。从单一垄断市场变化为双寡头垄断市场,一方面企业会增加单车投放数量,进而吸引更多消费者进行搜寻,这部分市场扩张效应即为2^{ζ};与此同时,假设消费者成功找到了单车,该辆单车属于本企业的概率则从1下降到$\dfrac{1}{2}$,此即为市场争夺效应。因此,为了解释本章的实证发现,匹配技术的规模报酬递增程度需要足够高($\alpha+\beta>1+\dfrac{1-\alpha}{\theta}$)从而保证$\theta\beta-(1+\theta)(1-\alpha)>0$。

当规模报酬递增的程度足够高,但又不至于太高(以免违反假设4-1)时,企业在双寡头垄断市场情形下的单车投放数量会多于单一垄断市场。这是因为面对多栖消费者时,企业可以搭竞争对手投资的"便车":企业2投放单车不花费企业1的任何成本,但这有助于扩张总体市场规模,从而让企业1获益。在这个意义上讲,对企业1而言,搭竞争对手投资的便车比自行进行投资更为有效。"搭便车"的激励其实广泛存在于双寡头垄断市场中,但正向网络效应进一步放大了该激励。当市场中存在网络效应时,竞争对手的投资会有助于吸引更多消费者进入市场,提升匹配过程的成功概率,进而提升在位企业自身投资的效率。[1]

本节的最后一项命题则围绕福利效应展开讨论。理论分析表明,在位企业和消费者均有动机欢迎新企业进入市场。

命题4-3 假设$v^d>v^m$且$r^d>r^m$,则竞争对手进驻有助于提升在位企业的利润和消费者的预期收益。

当$v^d>v^m$和$r^d>r^m$同时成立时,竞争对手进驻可以同时提升在位企业均衡情况下的定价、单车投放数量和单车使用效率。因此双寡头垄断情形下的利

---

[1] 此时可能也就不存在先动(first mover)或者后动优势(second mover advantage)。为更好地围绕本章的实证结果展开讨论,本节的理论模型未对企业的序贯进入(sequential entry)决策进行过多讨论。

润也一定高于单一垄断情形。也正因如此,在企业 2 进驻之后,一定会有更多消费者开始搜寻共享单车,成为共享单车用户;而消费者这样做的前提则是使用共享单车的预期收益上升。

虽然难以进行理论上的比较静态分析,图 4-3 和 4-4 用数值方法探讨了参数变动对均衡结果对比的影响。图 4-3 展示了保持 $\frac{\alpha}{\beta}$ 比值不变、调整 $z = \alpha + \beta$ 取值过程中,均衡结果对比的相应变化。[①] 图 4-3a 与命题 4-1 的结论一致:在参数变化过程中,$p^d > p^m$ 始终成立。图 4-3b 则表明当 z 足够低时

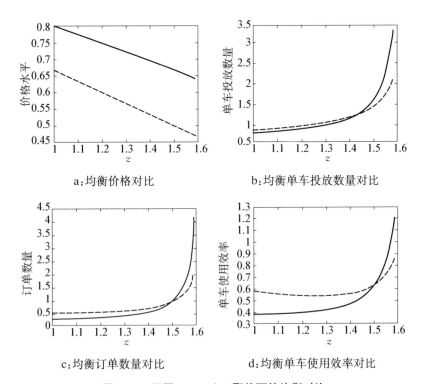

a:均衡价格对比　　　　　　　　b:均衡单车投放数量对比

c:均衡订单数量对比　　　　　　d:均衡单车使用效率对比

图 4-3　不同 $z = \alpha + \beta$ 取值下的均衡对比

注:图中虚线对应单一垄断市场的均衡结果,实线对应双寡头垄断市场的均衡结果。图 4-4 中虚线与实线的含义与此相同。

———————————

① 此时 α 和 β 均以与 z 相同的比率变动。

可能出现 $v^m > v^d$，这与方程(4-8)中的条件相吻合。图4-3c和图4-3d呈现出相近的特征，即只有当 z 足够大时，双寡头垄断情形下的订单数量与单车使用效率才会更高。总体而言，当规模报酬递增的程度足够大时，才可以保证 $r^d > r^m$、$v^d > v^m$ 以及 $TV^d > TV^m$。

图4-4展示了 θ 取值变化对均衡对比的影响，其主要发现与图4-3相近。具体而言，给定其他参数不变，θ 足够大(也即个人成本高的消费者足够少)时也可得到 $r^d > r^m$、$v^d > v^m$ 以及 $TV^d > TV^m$ 的结果。值得注意的是，虽然 θ 或 z 足够大时都可得到与本章实证结果一致的发现，这两项参数对单一垄断情形下的单车投放数量的影响不尽相同：θ 增大意味着 c 取值较高的用户更少，此时

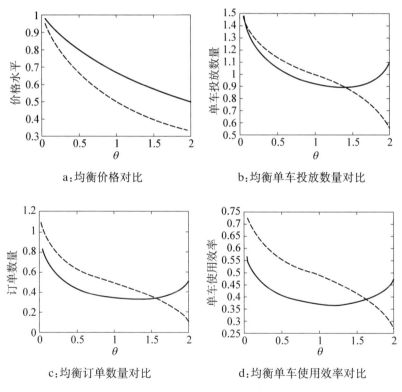

a:均衡价格对比

b:均衡单车投放数量对比

c:均衡订单数量对比

d:均衡单车使用效率对比

图4-4 不同 θ 取值下的均衡对比

增加单车投放没那么有利可图,单一垄断企业应该相应降低单车投放数量;z 增大则意味着规模报酬递增的程度更高,此时市场更具吸引力,单一垄断企业有动机增加投资。

本节的理论分析表明,当 θ 足够大或 $z = \alpha + \beta$ 足够大时,双寡头垄断情形下的单车投放数量、订单数量、单车使用效率可能比单一垄断情形更高。z 取值更高意味着匹配函数呈现出足够强的规模报酬递增特性,θ 取值更高则意味着外部产品个人成本(c)的密度函数在 c 增大时下降得足够快。在这两种情形下,市场扩张效应都会比市场争夺效应更大。

本节的理论模型也与关于新老用户的实证结果相关。在本节的模型中,消费者是否使用共享单车取决于其个人成本 c 的大小。在单一垄断市场中,只有 c 高于某一门槛值时,用户才会选择使用共享单车。竞争对手的进入会降低这一门槛值,进而带来两方面影响:一方面,在位企业可以从市场扩张效应中获取足够多的新用户;另一方面,在位企业的老用户应该继续使用共享单车,但是由于搜寻单车过程中的随机性,部分老用户将会和新进企业的单车匹配成功。

第七节　理论模型讨论与进一步实证分析

本节将针对本章第六节构造的理论模型展开进一步讨论,将其与若干替代性假说进行对比。如第六节开头所述,该模型并非解释本章实证结果的唯一正确理论,而是一个特征性模型,其作用在于提供一种分析框架,以加深对具有网络效应的市场的理解。本节结尾部分将开展进一步实证分析,尝试区分本章理论模型给出的机制解释和其他关于机制的替代性假说。

一、理论模型讨论

本章第六节的理论模型着重强调了共享单车所具备的若干产业组织特征,包括消费者搜寻、匹配技术、投资成本、用户多栖性和外部产品等维度。本节将首先逐项讨论其重要性。

第一是消费者搜寻。消费者如果要使用共享单车,则需要主动发起搜寻。第六节的模型假设消费者只搜寻一次,从而淡化了每次搜寻中的共享单车企业竞争。基于这种简化,企业竞争会降低每家企业所面临的需求函数的弹性,自然导致了命题 4-1 的结论:竞争对手进驻会提升均衡价格。"只搜寻一次"看似是一个强假设,实则与共享单车的发展现状和消费场景高度吻合:单车的稀缺边际(scarcity margin)远比价格边际(price margin)更重要。换言之,大部分消费者使用共享单车通勤时,最在意的是能否找到单车,而非价格上的微小差异;因此,他们不会像经典搜寻模型所设定的那样持续不断进行搜寻。

本章固然可以构建一个更为复杂的模型,从而将搜寻成本考虑进来;但笔者并未采取该种建模方式,主要是基于以下两方面考量。首先,最重要的原因在于,根据对共享单车用户行为的观察以及与共享单车企业高级管理人员的访谈,可以确认上述假定与事实相符。其次,该模型的主要作用之一在于解释竞争对手进入为何可以提升在位企业单车使用效率,[①]而详细刻画消费者搜寻过程可能会导致模型过于复杂,模糊理论模型的焦点。因此,在对消费者搜寻过程进行建模分析时,本章尝试以最简洁的方式刻画现阶段的消费者行为。[②]

第二是匹配技术的网络效应与投资成本凸性。在第六节的理论模型中,正向网络效应具体表现为规模报酬递增的匹配技术($z = \alpha + \beta > 1$)。由于匹配率随着规模的扩张而上升,随着单车投放数量和用户数量的增加,每辆单车的使用效率也应随之上升。如果网络效应足够强,由此而来的收益完全可以覆盖新增投资的成本,单一垄断企业就会投放无穷多的单车以占据整个市场,由此走向赢者通吃、不会给其他企业留有余地。该种可能性已经被假设 4-1 排除:

---

① 其实,利用非常简单的模型即可解释竞争对手进入后价格和单车投放数量的上升。因此,本章第六节构建理论模型时的真正挑战在于如何同时解释单车使用效率的改进。

② 另有诸多研究构建了较为完备的消费者搜寻模型,也发现竞争可能导致价格上升(Cachon et al., 2008;Chen and Riordan, 2008;Kotowski and Zeckhauser, 2017;Rosenthal, 1980;Stahl, 1989)。

在该假设下,投资成本凸性最终会压倒正向网络效应带来的扩张激励。换言之,本章实证结果的驱动力量,其实是网络效应带来的激励效应减去成本凸性带来的抑制效应之后的净效应。

第三是消费者多栖性。第六节理论模型的一项关键假设在于消费者的多栖性:共享单车用户没有针对某一特定品牌的偏好,只要找到一辆单车并且其价格低于1,消费者即会选择使用该单车。在现实生活中,诸多消费者确实会在手机上安装多个品牌共享单车的 App;在用车时,消费者先在目力所及范围内寻找单车,而后用对应的 App 解锁。但不可否认的是,除了多栖消费者之外,也有诸多消费者对特定的共享单车品牌具有较高的忠诚度。在附录三拓展 C3和图 C - 3 中,基准模型被进一步拓展,容许部分消费者单栖于某特定品牌单车(但关于消费者搜寻过程的假设保持不变)。在双寡头垄断情形下,单栖消费者的存在引入了另一条竞争效应的渠道:因为单栖消费者的随机搜索行为会降低竞争对手匹配到对应消费者的概率,所以企业可以通过吸引单栖消费者搜索单车以降低竞争对手投资的有效性。因此,在均衡状态时,两家企业与基准模型相比都会降低收费价格、减少单车投放。随着单栖消费者占比上升,双寡头垄断情形下的价格和单车投放数量都可能下降,甚至低于单一垄断市场的价格和投资水平。简言之,消费者单栖性可能削弱甚至推翻基准模型的主要结论;但只要单栖消费者的占比足够低,基准模型的主要结论就依然成立。

第四是与外部产品的竞争。竞争的市场扩张效应也取决于外部产品的特征,也即模型中消费者使用外部产品的个人成本 c 的分布。消费者个人成本越高,共享单车相较于外部产品(自行购买单车、驾驶机动车、使用网约车、乘坐公共汽车等)的吸引力也就更强。单一垄断企业会首先吸引个人成本最高的一批消费者,下一轮单车投放的收益则取决于下一批消费者的个人成本。当个人成本分布的密度函数递减时($\theta > 1$),同等规模的匹配概率提升会吸引更多消费者进行搜寻,该效应又随着既有用户规模的增加而扩大。市场扩张效应由此而来:只要额外投资的收益超过成本,企业就具备持续增加投资的动机。

此外还有模型未考虑的若干因素。第六节构造的理论模型重点强调了网络效应和投资成本之间的权衡，但未考虑产品差异化、消费者和单车的空间位置、共享单车企业间的动态互动等问题。首先，在产品差异化方面，本书的附录三拓展 C4 和图 C - 4、C - 5 引入了其他形式的匹配技术，证实了产品差异化可能削弱市场争夺效应。其次，就消费者和单车的空间位置而言，由于本章所用的数据不包括每位消费者、每辆单车的空间位置，因此将空间分布纳入理论模型无助于解释本章的实证结果。但表 4 - 6 和 4 - 7 的结果表明，Mobike 进驻有助于扩展 ofo 共享单车网络的空间覆盖范围，且市场扩张效应在经济活动最活跃、人口最密集的格点更加明显。这些实证发现有助于理解 ofo 和 Mobike 的单车投放策略，但理论模型本身确实未对空间维度的策略性决策展开讨论。最后，本章的理论模型主要关注静态均衡的对比。虽然这种均衡可能经由两家企业的动态竞争而实现，但笔者并未讨论每家企业的最优动态策略。

二、替代性假说

第六节的理论模型重点强调了网络效应的作用。除此之外，还存在若干种替代性假说，以下将对其逐一进行讨论。

第一是市场营销活动。旨在影响消费者认知的市场营销活动可能提升匹配技术的乘数（A）、增加匹配的数量。但在第六节所构建的模型中，无论匹配技术规模报酬递增还是递减，单车使用效率都独立于 A 的取值。具体而言，一方面广告投放导致市场扩张，会促使在位企业增加单车投放；但与此同时，更多的单车投放与更高的匹配效率（A 的取值更高）则会进一步吸引新用户加入。上述两种效应最终会相互抵消，单车使用效率也就不会发生变化。这一结果之所以能成立，固然要依赖于模型的具体设定，但也具备普遍性的含义：假如市场营销活动有助于市场扩张、激励在位企业提升单车投放数量和单车使用效率，那么在位企业早在竞争对手进入之前就应该采取相关举措。

第二是价格战或投资战。一种更为简单的替代性假说是价格战或投资战。但是就其定义而言，"价格战"意味着竞争对手进入后定价更低，而这与本章的实证结果相矛盾。"投资战"确实有可能导致定价的提升,因为可用单车数量增加会使得共享单车对用户而言更有吸引力。本章没有构建复杂的动态投资模型来探究投资战的影响,因为此类模型很难解释本章实证结果,具体原因在于以下两个方面。第一,在研究投资战的模型中,投资要么被在位企业用来阻止竞争对手的进入(Eaton and Lipsey,1977;Schmalensee,1978),要么被新进企业用来构建竞争能力(Kreps and Scheinkman,1983)。这些模型指向一个共同推论,即双寡头垄断市场的投资激励要弱于单一垄断市场,而这与本章的实证结果相反。第二,如果没有规模报酬递增的匹配技术以及投资成本凸性,投资战本身通常会导致过度投资。此时,身处投资战之中的企业应当选择事先投资,而非等到竞争对手进入之后才追加投资,这也与本章的实证结果相矛盾。

第三是外部产品的个人成本。还有一种更为可能的解释是从外部产品入手:如果使用外部产品的个人成本的密度函数向下倾斜($\theta > 1$),θ 越大则新进企业的投资就更容易吸引新用户使用共享单车,由此带来市场扩张效应。值得注意的是,$z = \alpha + \beta$ 和 θ 这两个参数会指向不同的比较统计量(comparative statistics)。如图 4-3 和 4-4 所示,单一垄断企业会在 z 上升时增加投资,但会在 θ 上升时减少投资。θ 取值更高意味着个人成本密度函数的形状更为陡峭,此时单一垄断厂商如果增加投资,只能吸引一小部分新增用户使用共享单车,因而投资动机不强。与之相对,z 越大意味着匹配技术更有效率,单一垄断企业可以通过投资吸引更高比例的消费者,因此投资动机也会更强。

上述差别为进一步实证检验创造了机会,以探究 z 和 θ 当中何者为市场扩张效应的驱动因素。具体而言,在 Mobike 进驻之前,ofo First 城市的单车投放数量各不相同。假定这些城市在其他维度上总体可比,单车投放的差异主要由 θ 驱动,那么 Mobike 进驻前单车投放数量越大的城市,其 θ 取值应该越小,Mobike 进驻带来的竞争效应也应该更弱。与之相对,如果单车投放的差异主要由 z 驱动,那么 Mobike 进驻前单车投放数量越大的城市,竞争效应就应该越强。本节将在最后对此进行实证检验。

第四是未观测到的需求侧冲击。Mobike 进驻某特定城市 c 还可能是因为观测到了该城市共享单车市场存在正向的需求冲击，而这一积极的需求信号对两家企业均可见，但对笔者不可见。[①] 假如上述情况成立，当 ofo 已经在某城市开展运营时，其在地的管理团队和运维团队应当很容易根据需求信号扩张单车投放数量，无须等到 Mobike 进驻后才做。而当 Mobike 进驻、攫取了部分共享单车市场之后，ofo 的单车投放数量应该下降（或者至少放缓增速），单车使用效率也应当呈现出类似的特征。这些预测均与本章第五节的回归结果和事前趋势检验相违背。

三、进一步实证分析

根据本章第六节的理论分析和本节的进一步讨论，可进一步开展如下三方面的实证分析。

第一项实证分析主要围绕投资成本的凸性进行探讨。在第六节的理论模型中，成本凸性对于解释实证结果至关重要。此处的成本概指所有随单车投放数量而变化的成本，包括单车采购成本和维修、搬运等运维费用。由于共享单车市场发展较快，ofo 将各城市运维工作分包给了各城市管理团队，因而企业总部不掌握城市—日度层面详细的运维成本。经过与企业沟通，关于运维成本的最佳数据是 2017 年 6 月的一份运维成本记录。该运维成本记录是一项横截面数据，包含部分城市的运维人员数量及工资方案。运维人员主要包括维修工人和搬运工人。其中，维修工人的工资核算体系为计件工资制。由于不掌握每名维修工人修理单车的数量，也就无法得知相应的工资开支。搬运工人的薪资则由基础工资和奖金两部分构成。根据搬运工人的人数和工资方案，可以推算出其薪酬支出的下限和上限（即仅支付基础工资，或支付基础工资和全额奖金）。在共享单车企业管理实践中，维修工人和搬运工人的雇用比例基本固定，因此

---

① 本章第四节在构建 IV 时，已对此问题进行了初步讨论。但该处讨论主要着眼于 IV 的有效性，因而重点从投资人角度进行分析。

搬运工人的薪酬支出应该也可以部分刻画维修工人的人力成本。此外还可以将维修工人和搬运工人的人数加总,作为运维成本的另一个代理变量。

需要说明的是,第六节理论模型所讨论的成本函数,是指同一个城市内部运维成本随单车数量的变动情况;但此处所用的运维成本数据则是在一个时间节点上不同城市样本构成的横截面数据。为了让数据分析与理论模型尽可能保持一致,本节仅保留了城市面积和人口位于 25%～75% 分位数之间的样本(即面积在 6515～14014 km² 之间、人口在 330 万～720 万之间),希望用较为可比的城市的横截面数据来模拟同一城市的成本函数。最终实证分析所用的运维成本数据包含 20 个城市。

图 4-5a 呈现了 2017 年 6 月各城市运维人员数量与累计投放单车数量的情况,描绘了相应的二次拟合曲线。与之类似,图 4-5b 和 4-5c 的纵轴则分别为搬运工人薪酬支出的下限和上限。考虑到不同城市生活成本和物价水平的差异,图 4-5d 和 4-5e 中进一步用城市最低工资水平对工人薪酬的下限和上限进行标准化处理。所有图形证据都指向共同的结论,即运维成本随着累计单车投放数量的增加而上升,且是关于累计单车投放数量的凸函数。

从精确性的角度出发,图 4-5 的横轴其实应采用正在使用中的单车数量而非累计投放单车数量。但比较遗憾的是,ofo 并未提供关于单车损坏或折旧的精确数据,因而也无法精确计算正在使用中的单车数量。根据中国各地方政

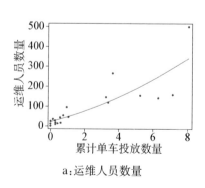

a:运维人员数量

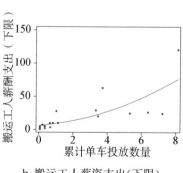

b:搬运工人薪资支出(下限)

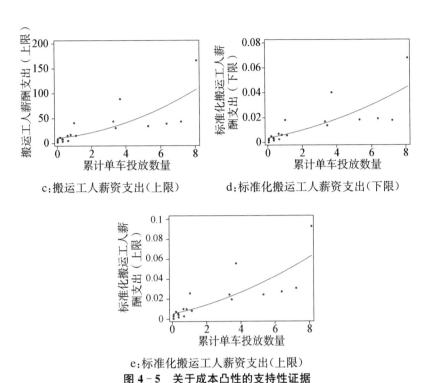

c:搬运工人薪资支出(上限)　　　　d:标准化搬运工人薪资支出(下限)

e:标准化搬运工人薪资支出(上限)

图 4‑5　关于成本凸性的支持性证据

府颁布的共享单车行业监管规范,共享单车的强制报废期限一般设定为 3 年。有鉴于此,笔者尝试对单车进行为期 3 年的线性折旧,并重新绘制相关图形。① 如附录二图 B‑1 所示,图形证据依然有力支持了成本凸性假设,与图 4‑5 呈现的运维成本特征高度一致。

第二项实证分析利用 ofo 仅在校园运营的阶段进一步验证本章的基本结论,即竞争带来市场扩张。第六节的理论模型意在说明,竞争对手的单车投放可以提升匹配概率、鼓励更多消费者使用共享单车;如果上述机制确实成立,那么当 ofo 和 Mobike 的单车混同出现、正面竞争时,效果应该更加明显。

---

① 折旧的计算以日度为单位。例如,假设某批单车于 t 日投入使用,则其自 t 日起每天折损 $1/(3×365)$,3 年后残值降为 0。

Mobike 的单车投放地点无从知晓，共享单车企业竞争的激烈程度也无法直接度量；但 ofo 曾经在一段时间内将部分城市的运营范围限制在校园，而 Mobike 则始终都在各城市的全城范围运营。一个合理的假设是，当 ofo 仅在校园内运营时，二者的竞争强度较弱，竞争效应也应该较小。为检验上述假定，本节将 $PostEntry_{ct}$ 分解为 $PostEntry_{ct} \times Campus_{ct}$ 和 $PostEntry_{ct} \times (1 - Campus_{ct})$，其中 $Campus_{ct}$ 是代表 ofo 将运营范围限定在校园之内的虚拟变量。表 4-8a 的回归结果表明，只有当 ofo 和 Mobike 在城市内正面竞争时，本章第五节中的基准回归结果才得以成立。这进一步印证了市场扩张效应确实来自市场竞争。

第三项实证分析则围绕 z 和 θ 的比较静态分析进行实证检验。如本节第二部分所述，假定市场扩张效应主要由 θ 驱动，那么 Mobike 进驻前单车投放数量越高的城市，其 θ 取值应该越小，而 Mobike 进驻带来的竞争效应也应该更弱；如果市场扩张效应主要由 z 驱动，那么 Mobike 进驻前单车投放数量越高的城市，其 z 取值应该越大，竞争效应就应该更强。上述对比启发笔者在回归方程中进一步加入了 $PostEntry$ 与 Mobike 进驻前 ofo 单车投放数量的交互项，相应结果如表 4-8b 所示：在 Mobike 进驻前 ofo 单车投放数量更高的城市，市场扩张效应也更加明显。本章构建的理论模型需要 z 和 θ 协同发挥作用，以保证竞争对手进入后在位企业的单车投放数量和单车使用效率双双提升。表 4-8b 中的结果并非要推翻这种相互依存关系；该结果意在说明，在订单数量、价格水平等方面的差异化市场扩张效应可能主要由规模报酬递增程度（z）而非个人成本分布（θ）所驱动。

第八节　小结

本章利用来自共享单车企业的运营数据，分析了当市场中存在网络效应时，新进企业如何影响在位企业的市场表现。由于共享单车进驻不同城市的时间存在差异，而各个城市则是相对独立的子市场，本章得以利用 DID 模型研究

表4-8 基于理论模型的进一步分析

因变量	订单数量对数值		平均实付金额		免费订单占比	
估计模型	OLS	2SLS	OLS	2SLS	OLS	2SLS
a：利用ofo校园运营阶段进行安慰剂检验						
Mobike进驻×仅在校园运营	-0.176	-0.008	0.024	0.041	-1.795	-3.063
	(0.300)	(0.285)	(0.025)	(0.026)	(4.113)	(4.011)
Mobike进驻×在整个城市运营	0.482*	0.533**	0.044***	0.045***	-3.935***	-4.105***
	(0.202)	(0.215)	(0.013)	(0.013)	(1.463)	(1.550)
聚类数	82	82	82	82	82	82
样本数	16193	16193	16193	16193	16193	16193
b：关于Mobike进驻前ofo单车投放数量的异质性分析						
Mobike进驻	0.121	0.198	0.017	0.021	-1.429	-1.765
	(0.216)	(0.233)	(0.013)	(0.014)	(1.500)	(1.625)
Mobike进驻×进驻前投资	0.036*	0.034	0.003***	0.003***	-0.296*	-0.288*
	(0.021)	(0.021)	(0.001)	(0.001)	(0.149)	(0.149)
聚类数	81	81	81	81	81	81
样本数	16140	16140	16140	16140	16140	16140
基准模型设定	控制	控制	控制	控制	控制	控制

上述问题。实证分析表明,竞争对手进入有显著的市场扩张效应,提升了在位企业的订单数量、价格水平、单车投放数量和单车使用效率,也使得在位企业的共享单车网络的空间覆盖范围更广、空间分布更均匀。与此同时,竞争对手进入也具备一定的市场争夺效应,主要体现为在位企业的老用户流失。

具有网络效应的市场通常会引发关于赢者通吃的担忧:在位企业可能利用网络效应实现垄断,进而滥用市场势力、损害消费者福利。而在本章研究的情境下,竞争对手进入对在位企业有积极影响,可以帮助在位企业更好地发掘市场中的网络效应。上述现象之所以出现,原因在于共享单车行业具备若干产业组织特征。第一,共享单车企业可以吸引多栖用户参与到市场搜寻当中,但用户的搜寻结果是随机的,具体使用哪家企业的单车存在不确定性。第二,企业的投资和运维成本是单车投放数量的凸函数,这意味着搭竞争对手的便车比自行投资的成本更低。竞争对于在位企业和新进企业均有积极影响,因此新进企业有动机进入市场,在位企业也有动机与其分享市场。第三,本章研究还充分说明了在具备网络效应的市场中,外部产品非常重要。竞争对手进入可以将外部产品的用户转换为共享单车市场的用户,从而创造市场扩张效应。所以在评估新进企业对在位企业的影响时,既要关注市场内部的企业间竞争,也要关注与外部产品的竞争。本章的研究结论对于监管机构进行并购审查和反垄断规制具有重要的参考价值。

第五章　数据要素与平台流量

第一节　引言

一、研究问题

伴随着电子商务、共享出行等数字经济业态的蓬勃发展，数据作为生产要素的价值日益凸显。2020 年 4 月，中共中央、国务院下发《关于构建更加完善的要素市场化配置体制机制的意见》，将"加快培育数据要素市场"作为完善要素市场化配置的一项核心举措。2022 年 12 月，中共中央、国务院专门下发了《关于构建数据基础制度更好发挥数据要素作用的意见》，强调"数据作为新型生产要素……深刻改变着生产方式、生活方式和社会治理方式"，并就数据产权、流通交易、收益分配、安全治理等方面提出 20 条政策举措。

不同企业的数据要素禀赋和积累路径存在巨大差异。对互联网平台企业而言，数据要素的积累与用户流量之间存在深度勾稽关系。一方面，互联网平台企业普遍具有网络效应等特征（Rochet and Tirole，2006），拥有庞大的用户流量，因而得以掌握相应的用户信息及行为记录。这使得数据要素向互联网平台企业集中的态势十分明显，支付宝、微信等"超级 App"即为此方面的典型示例。与此同时，互联网平台企业利用数据沉淀开发的信贷产品、个性化推荐等服务，又有助于巩固存量用户、获取增量用户，从而进一步增加平台用户流量和数据积累。例如，蚂蚁金服旗下的芝麻信用即以支付宝 App 所留存的用户数字足迹（digital footprint）作为数据基础，利用机器学习等前沿技术对个人信用作出评价。芝麻信用是当前中国用户数量最多、应用场景最广的大数据征信产品之一,不仅被众多金融机构作为确认授信额度的重要依据,还在信用租赁等消费场景中发挥了重要作用。

以芝麻信用为代表的大数据征信行业的发展,虽然有助于发挥数据的生产要素价值、助力社会信用体系建设,但同时也会引发关于互联网平台企业流量集中的担忧。与 FICO 等专营化征信机构不同,芝麻信用并非独立的经营主体,而是内嵌于支付宝的子板块,其应用场景的拓展和业务范围的扩大很可能影响用户流量在平台间的分布。以本章关注的基于芝麻信用分的共享单车免押骑行为例,该业务模式在事前(ex ante)看似竞争中性(competition neutral),但事后(ex post)则可能挤压竞争对手,成为其母体平台吸引、锁定用户流量的工具。大数据征信为平台带来用户流量,用户在平台形成更多数据留存,而留存的数据则被进一步用于征信业务。这一"征信—流量—数据—征信"的正反馈闭环可能有助于互联网"巨头"攫取用户流量、构建市场势力。为实证检验这一可能性,本章以共享单车免押骑行这一具体的消费场景为切入点,考察掌握数据要素的互联网平台企业(支付宝)如何通过大数据征信(芝麻信用)这一技术手段获取用户流量。

二、研究方法与主要发现

本章利用来自 ofo 的运营数据,基于"芝麻信用分超过 650 分即可免押金使用共享单车"这一业务场景,利用 RDD 识别策略探究大数据征信如何影响共享单车用户流量在不同端口之间的分布。具体而言,ofo 提供了 2018 年 1 月 6 日—2018 年 3 月 5 日之间 25 个城市部分用户脱敏数据的临时访问接口。该数据包括用户的芝麻信用分和部分个体特征(年龄、性别、是否为学生、注册时间、所在城市),以及用户在该时段内的全部用车记录。由于芝麻信用分每月仅调整一次,本章将数据在个人—月度层面加总处理,计算每人每月在支付宝、微信、iOS 系统 App、安卓系统 App、地图 App 和其他端口六类端口用车行为的占比,最终得到 7 343 490 名用户的 9 438 321 条个人—月度层面观测值。①

本章的实证分析主要有四方面发现。第一,基于芝麻信用分的免押骑行政策导致用户在支付宝端口使用共享单车的比例提高了约 12 个百分点,而微信、iOS、安卓、地图 App 等与支付宝存在竞争关系的移动互联网端口用车占比均有显著下降。第二,上述结果主要源于共享单车用户流量的存量在各类端口间再分配,而非共享单车用户流量的增量在各类端口间的非均衡分布。第三,异质性分析显示,免押骑行的导流效应并不因性别而异,但在 45 岁以下人群和一线城市更明显。第四,免押骑行使得用户的不良用车行为有所上升,这意味着芝麻信用对用户不良用车行为的约束力弱于罚没押金所形成的威慑力。

RDD 作为因果推断的一种识别策略,其有效的前提在于样本个体不能精确操纵(precise manipulation)驱动变量(在本章的研究情境下即为用户的芝麻信用分)。本章从三个方面论证了这一前提。首先,就制度背景而言,由于芝麻信用分的评估方式和具体算法不公开,用户无法对个人分数进行精确操纵。其次,本章对断点两侧样本的年龄、性别、累计注册天数、是否为学生用户等特征进行平衡检验(balance test),确认了断点两侧样本的相似性和可比性。最后,本章尝试去除断点邻域内的样本、采用空心断点回归设计(Donut-Hole RDD),以期进一步缓解关于驱动变量被操纵的担忧。该方法的底层逻辑在于,试图操纵驱动变量的行为通常需要付出一定成本。因此,即便个体确实能够操纵驱动变量的取值,该类行为应该主要出现在断点附近的区域内。

本章借鉴采用 RDD 的相关文献的做法,还开展了一系列稳健性检验,包括采用矩形和三角形等不同的核函数(kernel function)设定,采用不同阶数的多项式进行拟合,选择不同带宽内的子样本,尝试加入控制变量,采用异方差稳健

① 由于芝麻信用分调整日期为每月 6 日,所以此处所说的"月度"指 2018 年 1 月 6 日至 2 月 5 日和 2018 年 2 月 6 日至 3 月 5 日,与自然月的起止时间并不完全一致。本章后续凡涉及"月份"和"月度"的表述,除另行说明外,含义均与此处相同。

标准误、聚类到芝麻信用分的稳健标准误、聚类到城市的稳健标准误分别进行统计推断等。本章的实证结果在上述检验下均保持稳健。此外,本章还利用650分以外的分值构造证伪检验(falsification test),进一步确认了实证结果的可靠性。

三、研究创新与主要贡献

本章研究内容与三方面文献密切相关。其一是关于数据作为生产要素的研究。与土地、劳动力等传统生产要素相比,数据具有非竞争性、排他性、正外部性、衍生性等诸多特点(徐翔等,2021;Jones and Tonetti,2020)。具体到微观层面,企业究竟如何利用数据从事生产活动?研究者基于各类数字经济业务场景展开了详细的讨论,具体作用机制包括但不限于预测市场(Bajari et al.,2019;Chen and Yuan,2023)、改进产品(Hagiu and Wright,2023)、降低生产成本(Prüfer and Schottmüller,2021)、辅助定价决策(Choe et al.,2018;程华等,2023)等。本章研究为该领域的研究提供了新的实证证据和作用机制。本章研究表明,数据作为生产要素的价值可经由大数据征信技术得以呈现,进而协助企业获取用户流量。

其二是关于个人征信服务和社会信用体系建设。既有研究对以 FICO 信用分为代表的个人征信服务和各类声誉体系进行了广泛研究,特别是关注其对个体行为的约束(Cai et al.,2014;Liberman,2016;Homonoff et al.,2021)和对金融市场的影响(Keys et al.,2009,2010;Keys et al.,2012;Garmaise,2013;Argyle et al.,2023)。本章的切入点与上述研究均不相同,主要考察个人征信服务作为业务模式、大数据征信作为技术手段对互联网平台企业获取用户流量的作用。在更广泛的意义上,以芝麻信用为代表的个人征信服务行业的发展,是我国社会信用体系建设的重要组成部分。部分研究者围绕"失信被执行人名单"制度、社会信用体系改革试点等公共部门主导的政策举措开展了若干研究(戴亦一等,2019;曹雨阳等,2022;黄卓等,2023),本章则进一步补充了来自民营企业的经验证据。

其三是关于用户流量在不同的互联网应用、互联网平台间的传导。在数字经济场景中，企业通常高度关注如何吸引、维系用户流量，但相关研究仍处于起步阶段。例如，李苗新和阿加瓦尔（Li and Agarwal，2017）关注 App 间的业务整合，发现 Facebook 与 Instagram 的整合显著提升了 Instagram 使用频次，同时也带动了图片分享这一领域的总体发展；李等（Lee et al.，2020）聚焦于 App 之间的交叉营销，发现用户对 App 多样性存在偏好，会倾向于下载各类不同的 App。就研究主题而言，郑晋扬等（Zheng et al.，2019）的讨论与本章最为相关。他们以微信为例考察了超级 App 对其他应用的导流效应，发现微信只对腾讯新闻等少数应用具备正向的导流效果，流量分发效果可能不及预期；与之相对，本章则主要关注超级 App 的内嵌应用（芝麻信用）对其母体平台（支付宝）的导流效果。本章的研究与郑晋扬等（Zheng et al.，2019）构成镜像对照，共同提供了关于超级 App 与其内嵌应用间双向互动的证据。

本章的发现也具有较为重要的政策含义。随着数据作为生产要素的价值被逐渐发掘，与数据相关的政策议题也被提上讨论日程。既有研究主要从两个方面进行了探索，其一是关于数据的产权安排和交易机制设计（Jones and Tonetti，2020；Markovich and Yehezkel，2021；龚强等，2022；Dosis and Sand-Zantman，2023），其二是关于数据要素积累和个人隐私保护之间的权衡（Athey et al.，2017；Liu et al.，2020；Chen et al.，2021；Ali et al.，2023；Goldfarb and Que，2023）。本章研究表明，个人征信服务以数据为核心生产要素，有可能促成用户、互联网平台企业（支付宝）和相关企业（共享单车）的多方共赢；与此同时，互联网平台企业主导的大数据征信产品具有极为明显的规模经济和网络效应特征，"征信—流量—数据—征信"的正反馈闭环可能加剧用户流量在不同平台之间的非均衡分配。在当前数据要素市场蓬勃发展、互联网平台快速增长的背景下，监管机构也需更新思路，在推进数据要素市场化配置的同时，充分把握我国数字经济企业在商业模式和发展路径等方面的独特性，对企业利用数据要素损害公平竞争的潜在风险保持高度警惕（寇宗来和刘雅婧,2019)。

本章的发现也对今后一个时期我国社会信用体系建设具有借鉴意义。现阶段我国征信行业发展和信用体系建设同时依靠公共部门和市场主体的力量,二者的产品形态分别以中国人民银行征信中心提供的个人信用报告和阿里巴巴旗下的芝麻信用为代表。长期以来,以芝麻信用为代表的由企业提供的征信服务,由于应用场景广泛、用户体验良好,获得了社会各界的普遍关注;与此同时,部分西方研究机构和学者从居民隐私和数据产权的角度出发,也对政府参与数据收集、开发、利用表达了担忧(Beraja et al.,2023a,2023b;Beraja et al.,2023c)。本章研究表明,互联网平台企业可能以大数据征信产品为抓手攫取用户流量,进而打破市场竞争的公平性。因此,今后我国在推进社会信用体系建设的过程中必须充分发挥公共部门的作用,统筹协调政府、企业和个人所扮演的角色。

第二节　研究背景

一、大数据征信

社会信用体系作为维系社会诚信的制度安排,是国家治理体系和社会主义市场经济体制的重要组成部分(国务院,2014;潘功胜,2014)。征信作为社会信用体系的一项核心内容,在建设良好市场秩序的过程中发挥了重要作用。所谓征信,是指由专业化机构基于存量数据,利用云计算、人工智能等技术对市场主体的信用水平进行评估,针对其偿还意愿、偿还能力等进行画像,为授信、放贷等决策提供参考依据(Tang,2019;Chatterjee et al.,2023)。根据评估对象性质的不同,征信可以进一步分为企业征信和个人征信。在中国为数众多的个人征信服务中,覆盖人数最多、应用场景最广、社会影响最大的当数中国人民银行征信中心提供的个人信用报告和蚂蚁金服旗下芝麻信用管理有限公司推出的芝麻信用分。[①] 截至 2015 年 4 月,央行征信中心数据库共收录自然人 8.7 亿名,其中 3.7 亿名有信贷记录;支付宝 2017 年披露的全民账单则显示,芝麻信用自创立以来已累计为 4150 万用户减免超过 400 亿元的押金。

本章主要考察芝麻信用管理有限公司提供的"芝麻信用分"这一个人信用分数。该分数由企业运用云计算、深度机器自我学习等技术,通过逻辑回归、模型提升决策树和随机森林等算法,从信用历史、行为偏好、履约能力、身份特质和人脉关系 5 个维度对用户进行信用评估,最终以 350~950 分之间的具体分值形式进行呈现。[②] 其主要数据来源为支付宝 App 所留存的海量用户数字足迹。支付宝作为兼具转账支付、消费金融、电商购物和日常缴费等功能的超级App,不仅可以收集用户借款、还款等传统金融信贷行为的相关信息,更能够掌握用户在网购、外卖和出行等方面的日常消费决策。芝麻信用分作为支付宝平台主推的个人征信产品,在个人小额信贷、汽车和房屋租赁等各类情境下均有广泛应用。

作为一项大数据征信产品,芝麻信用分具备以下两项重要特征。第一,芝麻信用分的评估方式和具体算法不公开,用户无法通过自身行为单方面迅速提升分数。虽然芝麻信用对外披露了有助于提升分数的若干行为,如按时还清信用卡账单等,但并未给出行为与分数间的精确对应关系,个体无法通过"刷分"对芝麻信用分进行精确操纵。这也是本章以芝麻信用分作为断点回归驱动变量的前提。第二,芝麻信用分在个体、时间两个维度均有差异,即不同个体的分值存在横截面上的差异,同一个体的分值也会随时间变化而有所不同。这为后续的实证分析提供了更为丰富的考察维度:本章不仅可以比较不同个体在横截

---

① 需要说明的是,芝麻信用并非互联网平台提供的唯一征信服务,腾讯以微信这一超级 App 为依托也开展了类似业务。公开资料显示,腾讯于 2018 年 1 月开始内测"腾讯信用分",而后在当年 11 月正式上线"微信支付分"并以此为基础推出了信用免押服务。但考虑到本章的样本期为 2018 年 1 月至 3 月,腾讯的大数据征信服务尚处于起步阶段,因而不会对本章结果构成实质性挑战。

② 参见芝麻信用官方网站:www.zmxy.com.cn。

面上的差异,还可以考察同一个体在芝麻信用分跨越断点前后的不同表现。

二、互联网平台流量

关于流量价值的理论雏形,最早可以追溯到梅特卡夫和博格斯(Metcalfe and Boggs,1976)在探讨以太网价值时提出的"梅特卡夫定律",即网络的价值与其中节点数的平方成正比。伴随着"互联网＋"的快速推进和一大批互联网企业崛起,互联网企业的价值评估成为资产定价领域的重要问题。"流量"本身虽然不是有形的、可直接买卖的实物资产,但可以通过多种形式间接创造价值,也即互联网行业所谓的"流量变现"。具体而言有以下几种渠道和方式:其一是掌握流量的平台向用户进行信息投放,扮演宣传媒介、广告中介的角色;其二是撮合用户交易并参与分成,发挥交易中介的功能;其三是挖掘用户在本平台的数据沉淀,开发征信等衍生产品和服务。现有研究虽然在具体估值模型上尚未达成共识,但基本指向是一致的,即评估互联网企业的价值时需要充分考虑平台流量、用户基数以及由此而来的长期价值(Gupta et al.,2004;Ho et al.,2011)。

用户流量的独特价值对互联网平台企业的决策产生了巨大影响。诸多互联网"巨头"在进行战略投资、业务布局时,在传统的成本收益分析和经济模型核算之外,会额外关注用户流量的价值。以近年来蓬勃发展的共享单车行业为例,虽然其头部企业迄今为止尚未实现营收平衡、持续处于亏损状态,但这并不妨碍阿里巴巴、腾讯、美团和滴滴等互联网平台企业以投资、自营或并购等方式参与其中。[①] 这些企业的核心目的之一即在于依托共享单车用车的高频特性来为自身平台导流。

因此,在中国情境下讨论个人征信服务,不能简单、孤立地分析这个行业,

---

① 例如,阿里巴巴和蚂蚁金服先后投资了永安行、ofo 和哈啰单车,并促成永安行与哈啰单车合并;腾讯投资了 Mobike;滴滴出行投资了 ofo,自营青桔单车,并以托管方式接收了小蓝单车;美团创始人王兴以个人身份参与对 Mobike 的投资,而后美团全资收购了 Mobike 并将其更名为美团单车。

而是要充分把握平台企业的行为逻辑,特别是其对用户流量的关注。这是由中国个人征信行业独特的业务模式、产业结构和发展路径决定的。以本章的主要研究对象——芝麻信用——为例,其作为提供个人征信服务的最大民营市场主体之一,与发达国家专营化征信机构(如美国的 FICO 等)存在显著差异:芝麻信用并非以营利为目的的独立主体,而是隶属于蚂蚁金服的子公司。作为大型金融科技集团的子板块,芝麻信用的产品思维、推广策略和经营导向都与专营化征信机构有所不同。例如,芝麻信用并没有独立的 App,而是以生活号的形式嵌入在支付宝 App 首页当中。因此,在研究以芝麻信用为代表的征信行业发展时,要充分考虑其作为平台企业的子板块对母体平台的作用。

三、共享单车与免押骑行

在共享单车行业发展之初,为有效约束用户的用车行为,各共享单车企业普遍采取收取押金的方法。用户需首先向共享单车平台缴纳押金并完成实名认证,而后方可用车;当用户决定终止使用某品牌的共享单车时,可以申请退还押金。由于共享单车使用的高频特性,用户通常不会频繁缴纳和退还押金,而是在初次缴纳押金后保持账户处于"已支付押金"的状态,以便日常骑行。

为降低共享单车的使用门槛、推广芝麻信用分的使用场景,芝麻信用与 ofo、哈啰单车等多家共享单车企业联合推出了"芝麻信用免押骑行",即芝麻信用分达到 650 分的用户可以免押金使用共享单车。其中,ofo 与蚂蚁金服达成协议,从 2017 年 3 月开始在上海、广州和深圳等多个城市分批次开通芝麻信用免押骑行服务。具体而言,"免押骑行"包括"免押认证"和"免押用车"两个步骤。首先,共享单车用户需经由支付宝端口,授权共享单车企业查询其芝麻信用分,确认其符合信用免押资格(也即芝麻信用分在 650 分及以上);其次,共享单车用户通过上述认证后,可以通过各类端口免押金使用共享单车,包括共享单车 App(根据手机类型又可分为苹果手机的 iOS 客户端和其他各类手机的安卓客户端)、微信小程序、支付宝生活号和地图 App 内嵌接口等。

据芝麻信用官方网站介绍,芝麻信用分的主要应用场景之一即为"信用免押",包括房屋、服装、汽车、相机和充电宝等多种物品的租赁,免押骑行仅为其中之一。[①] 提供免押场景的共享经济或分时租赁企业(如共享单车)可以获取由芝麻信用带来的用户流量,用户则可以免去支付押金的繁冗步骤,将押金用作他途。在上述"双赢"表象之外,有一个问题格外值得关注:作为个人征信服务供应商的芝麻信用,在此过程中的收益是什么? 结合本节此前提到的互联网平台企业对流量的关注,一个自然的猜想是:芝麻信用推出免押骑行政策将会增加其母体平台(支付宝)的用户流量。

第三节　数据与计量模型

一、数据描述与样本选择

本章所用数据来自 ofo,样本期为 2018 年 1 月 6 日—2018 年 3 月 5 日。进入这一样本的用户需在上述时间内至少使用过一次 ofo 的共享单车服务,且已向 ofo 授权查询其芝麻信用分。该数据主要包括以下三个方面信息。第一是用户个人不随时间而变的(time-invariant)信息,包括出生时间、性别、是否为学生、注册时间、注册时所在城市。由出生时间和注册时间可以进一步算出用户在样本期之初的年龄和累计注册天数。第二是个人—月度层面的芝麻信用分。第三是用户在该段时间内的全部用车记录,包括每次用车的时间和端口等。由于在本章样本期内芝麻信用分仅在每月 6 日进行调整,月内维持不变,笔者将用车记录在个人—月度层面加总处理,计算出每人每月在支付宝、微信、iOS、安卓、地图和其他端口 6 类端口用车行为的占比。

[①] 其他信用免押服务与免押骑行存在以下几方面差异:第一,从业务规模来说,共享单车市场应该是各类信用免押服务中用户量最大、订单量最多的场景之一,汽车租赁等服务的业务体量与之存在数量级上的差异;第二,从推广时间来说,免押骑行是芝麻信用与数字经济结合的先行领域,本章研究的样本期早于其他信用免押业务的开始时间;第三,从规则设置上来说,各类信用免押服务的门槛存在较大差异,从 550 分至 900 分不等。综合以上情况,其他信用免押服务不会对本章的识别策略构成实质性挑战。

最终本章所用数据为来自 25 个城市的 7 343 490 名用户的 9 438 321 条个人—月度观测值,相关变量的描述性统计如表 5-1 所示。

表 5-1 描述性统计

变量	样本数	均值	标准差	最小值	最大值
a:个人特征					
年龄(岁)	7 343 490	30.537	8.230	18	60
性别(男性为 1,女性为 0)	7 343 490	0.561	0.496	0	1
是否为学生(是为 1,否为 0)	7 343 490	0.004	0.066	0	1
累积注册天数(天)	7 343 490	270.595	113.031	9	909
b:个人—月度变量					
芝麻信用分	9 438 321	701.957	51.639	350	946
免押骑行(是为 1,否为 0)	9 438 321	0.858	0.349	0	1
支付宝端口用车占比(%)	9 438 321	78.434	39.667	0	100
微信端口用车占比(%)	9 438 321	3.067	16.522	0	100
iOS 端口用车占比(%)	9 438 321	7.070	24.583	0	100
安卓端口用车占比(%)	9 438 321	11.119	30.261	0	100
地图端口用车占比(%)	9 438 321	0.206	2.515	0	100
其他端口用车占比(%)	9 438 321	0.080	4.357	0	100
违规用车占比(%)	9 438 321	14.415	27.122	0	100

二、计量模型

由于共享单车用户能否免押骑行唯一取决于其芝麻信用分的分值(即是否大于或等于 650 分),本章采用清晰断点回归设计(Sharp RDD)的识别策略来评估免押骑行政策对用户用车流量分布的影响。具体而言,本章将估计如下方程:

$$Y_{im} = \alpha + \beta D_{im} + f(Z_{im}) + X_i + \lambda_c + \delta_m + \varepsilon_{im} \qquad (5-1)$$

其中,Y_{im} 为 i 个体在 m 月份通过支付宝端口用车次数占总骑行次数的百分比;Z_{im} 为 i 用户在 m 月的芝麻信用分;D_{im} 为表示免押骑行状态的虚拟变量,

当 $Z_{im} \geqslant 650$ 时该变量取 1，否则取 0；$f(\cdot)$ 为一个函数，用以控制芝麻信用分及其与免押骑行虚拟变量交互项；α 为截距项；ε_{im} 为误差项；β 为本章关心的核心参数，即免押骑行对用户用车端口选择的影响。

在基准模型设定中，本章采用局部线性回归（local linear regression）方法，选择矩形核函数，依据因本斯和卡利亚纳拉曼（Imbens and Kalyanaraman，2012）方法确定最优带宽为15（也即 IK 带宽）。在后续分析中，本章还尝试使用三角核函数、改变多项式阶数、选择不同带宽、加入表 5-1 中所列示的个人层面控制变量（X_i）、控制城市固定效应（λ_c）和月份固定效应（δ_m）等。在进行统计推断时，本章将尝试采用异方差稳健标准误、聚类到芝麻信用分的稳健标准误、聚类到城市的稳健标准误等不同类型的标准误。

三、RDD 有效性

RDD 有效的首要前提是驱动变量不能被精确操纵（Lee and Lemieux，2010）。如果样本个体可以精确控制驱动变量、决定自身处置状态（treatment status），则会导致断点两侧的样本存在系统性差异，进而影响 RDD 的有效性。需要注意的是，RDD 关于"驱动变量不能被精确操纵"的假设并不等价于"个体无法影响驱动变量"：RDD 允许个体通过自身行为对驱动变量施加影响；只要无法实现"精确操纵"，RDD 这一方法就依然适用。

在既有文献中，关于该条件成立与否的讨论主要从两个方面展开。一是从制度背景出发，讨论微观个体能够在何种程度上影响驱动变量，是否有可能实现精确操纵，提供最底层、最基础的事实支撑。二是对不受处置变量影响的协变量（covariate）进行平衡检验，确认其在断点附近的连续性。本部分接下来将结合本章的研究主题，从上述两方面分别进行讨论。

第一是制度背景。本章第二节第一部分已经介绍了芝麻信用分的技术原理和基本特点。其核心特征之一在于，由于信用分的评估方式和具体算法不公开，个体无法对分数进行精确操纵。这一特征可以从以下三个方面进行理解。第一，从个人征信服务的本质出发，该特征是征信服务有效、可信的前提。以共享单车企业为代表的各类市场主体之所以愿意采信芝麻信用分,正是因为该分数能够较为客观公正地刻画个体信用水平。一旦个体能够精确决定自身信用分的具体分值,信用分就会完全失去参考价值,芝麻信用作为征信服务供应商的意义也就不复存在。第二,从技术基础的角度出发,芝麻信用分是基于深度学习、强化学习等复杂算法计算得出的一个分值。这意味着个体行为与信用分数之间并非一个确定性函数(deterministic function)关系。机器学习算法的"黑箱"特质决定了个体对自身信用分的精确操纵在技术上不具有可行性。第三,通过对征信行业从业者进行访谈,结合在各大互联网平台(如百度、微博和知乎等)的搜索结果,笔者未发现任何证据支持"个体可精确操纵芝麻信用分"。虽然有诸多关于提升芝麻信用分的经验法则(如完善个人信息认证、提升在天猫等阿里巴巴旗下电商平台的网购频次、通过支付宝接口还信用卡等),但这些做法均无法确保实现对信用分的精确控制。综上所述,从制度背景出发,芝麻信用分的业务本质和技术原理保证了其不能被精确操纵。

第二是协变量平衡检验。此项检验的底层逻辑是:假如微观个体无法精确控制自身驱动变量的取值,那么其驱动变量究竟落在断点哪一侧就具有一定的局部随机性;而这种局部随机性理应保证可观测协变量在断点附近的连续性。具体而言,本节对 630~670 分之间的样本按照芝麻信用分进行分组,将分数相同的样本归入一组,并在图 5-1 中分别报告了年龄、性别、累计注册天数、是否

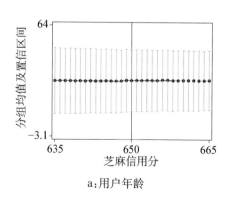

a:用户年龄

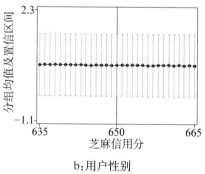

b:用户性别

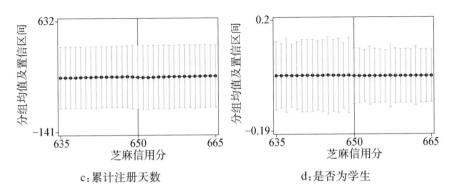

c:累计注册天数　　　　　　　d:是否为学生

图 5‑1　用户个人特征平衡检验

为学生用户四个协变量的分组均值及相应的 95% 置信区间。从图中可以看出，断点两侧的用户在个人特征方面高度相似，并未呈现出显著差异。上述证据进一步确认了本章 RDD 模型的有效性。

在基于制度背景的讨论和关于协变量的平衡检验之外，既有文献中还有一种常见的关于 RDD 有效性的补充检验，即对驱动变量的核密度分布进行检验、观察其在断点附近有无跳跃。这一检验的内在逻辑是：假如个体能够精确操纵其驱动变量取值、使之高于或低于特定门槛，驱动变量的分布函数就可能在断点附近出现跳跃。但这一检验方法之所以被称为一种"补充性"手段（Lee and Lemieux,2010），是因为驱动变量分布在断点处的连续性，既不是保证断点回归有效的充分条件，也不是必要条件。一方面，就"非充分性"而言，即便驱动变量的分布函数在断点处是平滑、连续的，也不能排除微观个体精确操纵驱动变量的可能性（Lee and Lemieux,2010）。另一方面，就"非必要性"而言，即便驱动变量的分布函数在断点处出现跳跃，也不一定源于个体对驱动变量的精确操纵（Imbens and Lemieux,2008）。例如，相关政策可能对符合标准的个体具有吸引力，导致断点一侧的样本被观测到的概率增加；此时观察到的驱动变量分布函数的跳跃并非源于个体的精确操纵，而是因为政策的激励效应所导致的样本量偏移。

以信用分数作为 RDD 驱动变量的研究多属于后一种情况。美国金融界即存在诸多基于 FICO 信用分的规则。例如,在进行贷款资质审核时,对于信用分在特定分值以上的人,其审查会更加宽松,或者不再进行额外审查,直接授信;与之相对,对于信用分低于某限值的人,其申请可能被直接拒绝。上述规则意味着从金融机构获得授信的借款人的 FICO 信用分分布很容易在特定分值处出现跳跃。但这并不意味着个体能够精确操纵其 FICO 分数,也不妨碍研究者利用断点回归开展相关研究(Keys et al.,2010;Keys et al.,2012)。

在本章的情境下,由于免押骑行政策的出现,芝麻信用分达到 650 分及以上的用户应当更倾向于授权 ofo 查询其信用分数。从数据上来看,在后文回归分析的基准带宽范围内(也即 635~665 分),[635,650)区间内样本数为 356 649,[650,665]区间内样本数为 823 317,二者占比分别为 30.225% 和 69.775%。与前述利用 FICO 信用分开展的研究类似,该现象不会对本章中"芝麻信用分不能被精确操纵"这一核心假设构成实质性挑战。本章第四节还会采用空心断点回归设计等方法进行稳健性检验。

第四节　基本实证结果

一、RDD 图形证据

本章以 IK 带宽下、采用矩形核函数、不添加任何协变量和固定效应的局部线性回归模型作为基准模型。在该设定下,断点回归设计的图形证据如图 5-2 所示。图 5-2a 表明,免押骑行使得用户在支付宝端口的用车占比提升了约 12 个百分点。这意味着免押骑行实施之后,ofo 用户对支付宝端口的依赖程度大幅提升,信用免押确实对母体平台产生了明显的导流作用。

一个随之而来的问题是,用户对支付宝端口的黏性上升,是同时挤压了其他各类用车端口的流量占比,还是只对个别端口产生了替代作用? 为回答这一

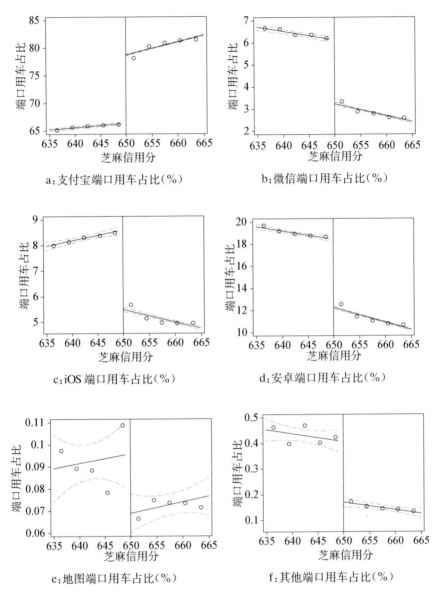

a:支付宝端口用车占比(%)

b:微信端口用车占比(%)

c:iOS 端口用车占比(%)

d:安卓端口用车占比(%)

e:地图端口用车占比(%)

f:其他端口用车占比(%)

图 5-2　信用免押对各端口用车流量占比的影响

注:空心圆圈代表每个 3 分箱体(bin)内部的因变量均值。实线代表 IK 最优带宽下的局部线性拟合,虚线代表 95%显著性水平下的置信区间。图 5-6 当中的图形含义与此相同。

问题,笔者分别计算了微信、iOS、安卓、地图和其他端口用车的流量占比并将其作为因变量,在基准模型下进行断点回归。相应图形结果如图 5－2b 至 5－2f 所示。从中可以看出,其他五类端口用车的流量占比均出现了显著下降,特别是长期以来作为支付宝主要竞争对手的微信,其占比几乎降低了一半。

二、RDD 估计结果

表 5－2 报告了对方程(5－1)的估计结果。其中模型(1)对应基准模型,该回归结果表明信用免押将支付宝端口用车占比提升了约 12.3 个百分点。模型 (2)—(6)对模型(1)的基准回归结果进行了一系列的稳健性检验。其中,模型 (2)将矩形核函数替换为三角核函数,从而在回归中赋予离断点更近的样本以更高的权重,这一模型设定下的 IK 带宽为 19;模型(3)使用吉尔曼和因本斯 (Gelman and Imbens,2019)建议的局部二阶多项式(local quadratic polynomial)方法进行非参数估计;①模型(4)加入了城市和月份固定效应;模型 (5)控制了用户的年龄、性别、是否为学生和累计注册天数等个人特征;模型(6) 则同时控制了城市固定效应、月份固定效应和个体特征。各列系数估计值的大小稳定在 12 个百分点左右,并且在使用不同类型标准误进行统计推断时均保持高度显著。这一结果初步表明,芝麻信用免押骑行政策极大地提升了支付宝平台在共享单车这一具体消费情境下的流量占有率。

三、结果解读与政策启示

在进一步解读结果和讨论政策启示之前,需要先明确几项基本事实。第一,各类用车端口对用户而言是无差异的,均能以极为相似的产品形态满足用户的用车需求;各端口的收费规则和优惠政策也完全相同。第二,用户在完成免押骑行的认证后,依然可以通过所有端口使用共享单车,并非仅在支付宝端口用车才可以享受免押政策。第三,单就信用免押政策本身而言,确实可以起

---

① 吉尔曼和因本斯(Gelman and Imbens,2019)指出,断点左右两侧拟合函数的多项式阶数最好不高于二阶。

表5-2 信用免押对支付宝端口用户流量的影响

	模型(1)	模型(2)	模型(3)	模型(4)	模型(5)	模型(6)
因变量	免押骑行		支付宝端口用车占比			
免押骑行	12.344	12.178	11.592	12.424	11.898	11.961
	(0.180)***	(0.178)***	(0.307)***	(0.178)***	(0.176)***	(0.175)***
	[0.766]***	[0.773]***	[0.206]***	[0.742]***	[0.759]***	[0.732]***
	{0.417}***	{0.410}***	{1.921}***	{0.415}***	{0.435}***	{0.431}***
带宽选择标准	IK	IK	IK	IK	IK	IK
带宽值	15	19	15	15	15	15
核函数	矩形	三角形	矩形	矩形	矩形	矩形
多项式	线性	线性	二次	线性	线性	线性
城市固定效应				控制		控制
月份固定效应				控制		控制
个人特征					控制	控制
样本数	1 179 966	1 413 805	1 179 966	1 179 966	1 179 966	1 179 966

注：圆括号、方括号和大括号中分别报告的是异方差稳健标准误、稳健标准误、聚类到城市的稳健标准误和聚类信用分的稳健标准误。

到为用户免除押金、为共享单车企业导流的积极影响；用户和共享单车企业自主选择接受相关政策，而非受支付宝诱导或胁迫。在上述事实背景下，本节的实证结果可以从以下两个角度理解。

第一是关于互联网平台企业攫取用户流量的隐蔽性。本节所发现的流量转移，并非由于支付宝平台或共享单车企业的强制锁定，而纯粹源于用户的自发行为；信用免押政策亦未采取欺骗性策略或呈现出明显的市场垄断意图。这正是本章的核心关注点之一：基于大数据征信的信用免押政策看似不违背公平竞争原则，实则会极大地影响用户流量分布和市场竞争格局。

第二是关于互联网平台企业收益的多样性。此处实证结果仅揭示出用户流量的转移，支付宝并未从中获取直接的经济收益。但需要强调的是，即便支付宝不向用户或企业收取芝麻信用分查询费，信用免押依然为其带来巨大的隐性收益。一方面，由于用户对支付宝的黏性提升、打开频次增加，调用支付宝其他服务（如生活缴费、信用卡还款等）的概率可能会有所提升。虽然由于数据限制本章无法直接观测到用户的上述行为，但互联网平台对"流量"的争夺以及我们自身作为用户的经验可以佐证这一论断。另一方面，由于用户在支付宝 App 的停留时间和操作行为的增加，芝麻信用得以收集更多数字足迹以提升芝麻信用分的精确度和征信服务的总体水平，从而实现"征信—流量—数据—征信"的正反馈闭环。

除了上述两方面解读之外，还有三点问题需要说明。第一，支付宝作为超级 App，搭载了诸多服务接口，除共享单车之外还包括支付、外卖、理财和缴费等。由于数据可得性的限制，本章所讨论的"流量"概念，是仅就共享单车这一市场而言的，并不涉及其他场景下的用户行为。第二，就用户行为层面的具体机制而言，本节的回归结果可能存在多种解释。例如，用户可能不知晓免押后其他端口也可以用车；或者用户注意力有限、只愿意使用少数几个 App 等等。本章不掌握用户除共享单车用车行为以外的其他信息，也无法对用户进行实验或调研以了解他们的心理活动。但用户行为层面的具体机制如何，不会影响本章研究结果的核心意涵。第三,本章所讨论的政策启示,特别是在反垄断规制方面的建议,是对既有规制框架的补充而非替代。本章意在强调的是,在对互联网企业进行反垄断规制时要充分把握其行业特点和企业特质,及时调整和升级规制框架;但这并不意味着忽略垄断协议等传统垄断行为,而是要实现对各种形式垄断行为的协同治理。

四、稳健性检验

本部分从四个方面开展稳健性检验。

第一是利用空心 RDD 以缓解关于驱动变量被操纵的担忧。本章第三节第三部分首先从个人征信服务的本质、芝麻信用的技术原理、来自访谈和互联网搜索的支持性证据出发,论证了芝麻信用分不会被个体精确操纵;其次通过协变量平衡检验,验证了断点两侧样本的可比性。为进一步缓解关于驱动变量被用户精确操纵的担忧,本节借鉴巴雷卡等(Barreca et al.,2011)的方法,利用空心 RDD 进行稳健性检验。该方法的基本设计思路如下:即便个体能够操纵驱动变量的取值,这种操纵行为通常需要付出一定的成本,且该成本与操纵的幅度大小有关;因此,假如确实存在个体对驱动变量取值的操纵,该现象发生在断点附近区域内的概率更高。所谓"空心 RDD",就是去除断点邻域内的样本,进行子样本回归,以在最大程度上避免用户对驱动变量的操纵所带来的影响。

既有文献关于空心 RDD 中邻域的半径大小并无定论。为充分检验实证结果的稳健性,本节从 1 开始,逐步扩大邻域的半径至 5,相应的实证结果汇报在表 5-3 中。其中,邻域半径为 1 即意味着要删除芝麻信用分为 649 分和 650 分的样本;邻域半径为 2 则要删除芝麻信用分在[648,651]区间内的样本……其余各列以此类推。随着邻域半径的扩大,虽然样本数逐渐减少,但估计结果始终保持高度显著,系数大小也保持稳定。

表5-3 空心RDD估计结果

因变量	支付宝端口用车占比				
免押骑行	12.188***	12.621***	12.964***	12.875***	13.220***
	(0.202)	(0.233)	(0.272)	(0.322)	(0.293)
基准模型设定	控制	控制	控制	控制	控制
空心半径	1	2	3	4	5
样本数	1 106 669	1 034 473	960 783	886 466	861 788

第二是针对不同带宽进行稳健性检验以确认本章结果并非仅在特定带宽下成立。表5-2报告的是 IK 带宽下的估计结果。为检验估计结果在不同带宽下的稳健性，本节在基准模型设定下，分别在±10,±11,…,±20 的带宽内进行估计。不同带宽下的回归系数与相应的95%置信区间如图5-3所示。[①] 从图中可知，当带宽从 10 逐渐增加到 20 时，估计系数的大小始终在 11.5~12.5 之间且在 1% 的显著性水平上保持显著。

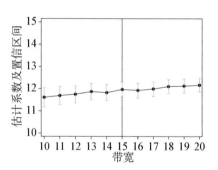

图5-3 不同带宽下的稳健性检验

第三是进行伪造断点检验以反向验证本章实证发现的可靠性。通过支付宝 App"信用生活"板块可以查知，除以 650 分为门槛的免押骑行外，还有以 600

① 使用 RDD 的文献在带宽选择上的另一常见标准为 CCT 方法（Calonico et al.，2014）。在本章基准模型设定下，根据 CCT 方法计算所得的最优带宽为 18，包含在图5-3稳健性检验的带宽范围内。

分为门槛的"先用后买"、以700分为门槛的"信用买车"等诸多基于芝麻信用分的商业合作。表5-2中的基本估计结果由此面临一项潜在挑战：给定散列于各分值的众多免押场景，本章所观察到的共享单车免押骑行对支付宝的导流效应，是否确定由650分这一断点所驱动？借鉴柴等(Chay et al.,2005)与孙昂和赵耀辉(Sun and Zhao,2016)的做法，本节针对635～665分之间的所有芝麻信用分数进行一系列伪造断点检验，从而反向验证实证结果的可靠性。

伪造断点检验的步骤如下：首先，针对635～665分之间的每一芝麻信用分值S，选定$S\pm15$区间内的样本作为回归样本；其次，以S为断点，$Z_{im} \geqslant S$的样本D_{im}取1，否则取0；最后，利用以S为断点定义的D_{im}，采用表5-2模型(6)对应的设定进行回归分析，记录估计系数β的t检验统计量的绝对值。伪造断点检验的t统计量绝对值如图5-4所示。从中可知，使用650分以外的任意芝麻信用分作为断点，所得系数的t检验统计量绝对值都小于使用真实断点所得到的数值。这意味着基于真实数据生成过程的模型设定比其他模型设定对数据的拟合效果更好，从而反向验证了本章实证结果的可靠性。

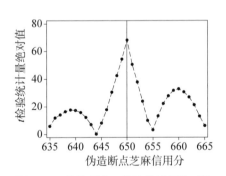

图5-4 伪造断点t检验统计量绝对值

第四是使用样本期内芝麻信用分发生变化的子样本进行分析，以排除个体层面无法观测的遗漏变量的影响。尽管本章已经在图5-1中对若干协变量在断点两侧的平衡性进行了检验，但依然无法穷尽所有影响App使用的个体特征。因此，仍可能存在一些不可观测的遗漏变量影响本节结果，例如不同用户对支付宝、微信等 App 的差异化偏好。如本章第二节第一部分所述,芝麻信用分在个体、时间两个维度均有差异,同一用户的分值会随时间变化。基于这一特征,本节按照如下的标准遴选用户数据构成子样本:用户芝麻信用分需在本研究样本期内发生变化,且变化前后的分数分别位于 650 分两侧。基于该子样本进行回归分析时,比较的是同一用户在信用免押前后的行为变化,从而在最大程度上保证了用户偏好等无法观测的特征的稳定性。虽然样本量大幅减少,但图 5-5 的图形证据与图 5-2 和表 5-2 中的结果依然类似:用户在信用免押之后确实提升了在支付宝端口的用车占比,尽管其系数的绝对值大幅下降(略高于 2 个百分点)。

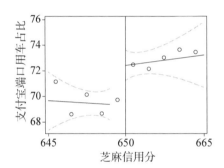

图 5-5　样本期内芝麻信用分跨越 650 分的子样本的用车行为变化
　　注:空心圆圈代表每个 1 分箱体内部的因变量均值。实线代表局部线性拟合,虚线代表 95% 显著性水平下的置信区间。

第五节　进一步讨论

　　本章第四节主要考察了免押骑行对芝麻信用母体平台——支付宝的导流作用。本节将对第四节的回归结果展开进一步讨论,探索流量变动的来源、导流作用在不同用户间的异质性、信用免押的潜在负面效应。

一、流量变动的来源

在前文分析中,实证结果被解读为免押骑行提升了用户在支付宝端口的用车次数、降低了用户在其他端口的用车次数,也即存量流量的再分配。但与此同时也存在另一种可能:免押骑行增加了用户在支付宝端口的用车次数,但并未影响用户在其他端口的用车行为,也即增量流量的非均衡分布。为排除后一种可能性,笔者以不同端口的订单量水平值(而非占比)作为因变量进行回归分析,表5-4报告了相应的估计结果。从中可知,免押骑行提高了用户通过支付宝端口的用车总量,而其他各类与支付宝存在竞争关系的端口的订单量均有不同程度的下滑。这一发现表明,免押骑行对平台流量所产生的影响来源于存量流量的再分配,而非增量流量的非均衡分布。[①]

表5-4 免押骑行对不同互联网平台端口订单总量的影响

因变量	各平台端口订单总量					
端口类别	支付宝	微信	iOS	安卓	地图	其他
免押骑行	0.184***	−0.133***	−0.286***	−0.620***	−0.001*	−0.006***
	(0.046)	(C.017)	(0.036)	(0.079)	(0.001)	(0.002)
基准模型设定	控制	控制	控制	控制	控制	控制
样本数	1 179 966	1 179 966	1 179 966	1 179 966	1 179 966	1 179 966

二、异质性分析

本节接下来将探索免押骑行的导流作用在不同群体间可能存在的异质性,具体而言包括用户性别、年龄和所在城市规模特征(是否一线城市)三个维度。表5-5主要传递了以下三方面信息。第一,就性别差异而言,免押骑行对不同性别群体的影响差异不大。第二,就年龄差异而言,45岁以下的人群更容易受到免押骑行政策的影响。考虑到芝麻信用的普及、渗透程度在年轻群体中更高,这一结果也比较符合预期。第三,就城市规模而言,免押骑行政策在样本中

---

① 应ofo要求,为保护企业商业机密,表5-1未报告表5-4中因变量的描述性统计。

的三个一线城市(上海、广州和深圳)对支付宝平台的导流作用更为明显。[①]

表5-5　免押骑行的异质性影响

因变量	支付宝端口用车占比					
子样本	男性	女性	45岁以下	45岁以上	一线城市	非一线城市
免押骑行	11.884***	12.078***	12.071***	10.507***	14.108***	10.349***
	(0.221)	(0.286)	(0.184)	(0.580)	(0.271)	(0.229)
基准模型设定	控制	控制	控制	控制	控制	控制
样本数	724 012	455 954	1 070 638	109 328	524 432	655 534

三、信用免押的潜在负面效应

在免押骑行的情境下,另一个问题同样值得关注,即信用免押对用户行为的约束作用。共享单车平台收取押金的初衷是通过押金形成威慑,以约束用户破坏单车、违规停放和不规范用车等行为。实行信用免押之后,"罚没押金"的威慑被"下调信用分数"的威胁所替代。一个随之而来的问题在于,用户对自身信用记录的看重与关注,是否能够有效约束用户行为?

因为共享单车企业无法监控用户用车的全过程,所以难以精确识别所有非规范用车行为。但ofo通过跟踪车辆后续使用情况、发掘用户历史行为等信息,利用机器学习、人工智能等技术,可以对非规范用车行为进行预测。根据ofo内部评估,该预测的准确率约为85%~90%,已初步满足企业运营需求。具体而言,针对每一次骑行,该预测模型都会生成一个虚拟变量以表征用车状态,若预测为非规范用车则取1,否则取0。该数据在个人—月度层面进行加总后,可计算得出i个体m月份全部骑行当中的非规范用车行为占比。图5-6显示,免押状态下非规范用车行为占比会上升约0.7个百分点,这意味着信用

---

① 关于城市规模的异质性分析还有另一重含义。经过查询公开资料可知,在上海、深圳等一线城市,还存在若干区域性的信用免押政策。例如,上海图书馆曾尝试面向常住人口推广免押金信用阅读。因此,表5-5基于非一线城市样本的回归结果同时表明,本章的主要实证发现并非由上海等一线城市的区域性信用免押政策所驱动。

免押对用户行为所形成的约束力小于收取押金所形成的威慑。这一发现表明，在社会信用体系建设刚刚起步、配套措施尚不完备的情况下，需要合理评估失信惩罚对个体行为的威慑效力，尽快建立和完善"守信激励、失信惩戒"相关机制。

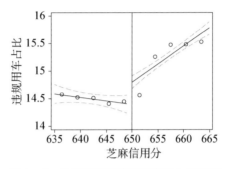

图 5-6　免押骑行对违规用车行为的影响

第六节　小结

本章利用来自共享单车企业的微观个体数据，在信用免押这一业务场景下，以用户芝麻信用分为驱动变量、以 650 分为断点构造 RDD 模型，考察大数据征信对平台流量的影响。实证分析表明，免押骑行导致用户在支付宝端口使用共享单车的比例提高了约 12 个百分点，而其竞争对手平台的流量均有不同程度的下滑。进一步分析表明，上述结果主要源于存量流量的再分配，而非增量流量的非均衡分布。异质性分析显示，免押骑行对支付宝的导流效果不随用户性别而发生变化，但在年轻人群和一线城市更明显。此外，实施信用免押后，用户不再面对被罚没押金的威胁，因此其不良用车行为有显著增加。

本章以免押骑行场景为例，展示了互联网平台企业如何利用大数据征信技术手段、发掘数据作为生产要素的价值，进而实现为自身导流的目的。本章的研究发现对平台反垄断规制和社会信用体系建设均具有较为重要的政策含义。

一方面,在对互联网平台进行监管时,要充分考虑平台企业在数据要素积累方面所具有的独特优势,对数据要素在企业间的非均衡分布所可能带来的垄断风险保持高度警惕。与此同时,在推进社会信用体系建设的过程中,要审慎评估大数据征信等技术手段被用于攫取用户流量、构造市场势力的可能性,既要发挥平台企业在推进社会信用体系建设过程中的积极作用,又要管控平台企业利用征信产品影响市场竞争公平性的潜在风险。

第六章 共享单车的生态环境效益

第一节 引言

一、研究问题

自诞生以来,共享单车在大众出行中的占比日渐升高,截至 2019 年三季度其日均使用量已超过 4 000 万次。[①] 在一定意义上,共享单车已成为能够与公交、地铁等相提并论的城市基础设施组成部分。与其他通勤工具相比,共享单车行进过程完全依靠人力蹬踏、不消耗任何化石能源,因而不会产生尾气排放,被视为绿色出行的典型代表。

与此同时,中国作为世界上最大的发展中国家,在快速城镇化进程中面临着生态环境方面的巨大挑战。污染防治特别是空气污染治理,与防范化解重大风险和精准脱贫一道并列为全面建成小康社会决胜阶段必须打赢的三大攻坚战。习近平总书记在十九大报告中强调"必须树立和践行绿水青山就是金山银山的理念,坚持节约资源和保护环境的基本国策,像对待生命一样对待生态环境……建设美丽中国",在治理策略上则要"坚持全民共治、源头防治,持续实施大气污染防治行动,打赢蓝天保卫战"。为有效治理空气污染、改善空气质量,国务院于 2013 年 9 月公开发布《大气污染防治行动计划》,希望通过污染源治理、产业结构升级、清洁能源开发等举措,到 2017 年将全国地级及以上城市可吸入颗粒物(PM_{10})浓度比 2012 年下降 10% 以上。此外,中央层面还成立了京

[①] 《南方日报》报道:《共享单车日均使用量超过 4 000 万人次》。

津冀及周边地区大气污染防治协作小组等专门议事机构,以推进京津冀等重点地区的空气污染治理。

诸多证据表明,机动车尾气排放是城市空气污染的重要来源。通过倡导绿色出行方式减少机动车使用、缓解大城市交通拥堵进而减少尾气排放,是有效治理城市空气污染的重要抓手。共享单车作为共享经济与绿色出行的代表,是否改善了城市空气质量? 如果答案是肯定的,这一商业模式的兴起对新时期的环境治理和数字经济监管有怎样的政策启示? 本章利用 ofo 和 Mobike 两家共享单车平台分批次进驻各城市的自然实验来尝试回答上述问题。

二、研究方法与主要发现

本章整合多个来源的数据,利用 ofo 和 Mobike 两家共享单车平台分批进驻各城市的自然实验,构造 DID 和 DDD 模型以评估共享单车进驻对城市空气质量的影响。本章的核心解释变量为"共享单车进驻",其构建基础为 ofo 和 Mobike 进驻各城市的具体日期。其中 Mobike 进驻日期的来源与本书第四章数据来源相同,ofo 进驻日期则来自 ofo 的内部记录。本章的结果变量来自"中国空气质量在线监测分析平台",包括 $PM_{2.5}$、PM_{10}、SO_2(二氧化硫)、CO(一氧化碳)和 NO_2(二氧化氮)等污染物的城市—日度浓度。此外,本章考虑了两方面城市—日度层面的控制变量,分别是气象条件(包括气温、最大风速、降水量和相对湿度四个指标)和集中供暖情况。最后,在先定城市特征方面,与本书第四章类似,本章主要考虑了地方经济和人口禀赋、公共交通基础设施建设情况、移动互联网普及率和地形地貌四方面因素。经精练后,本章所用数据为 278 个城市的城市—日度面板数据,样本期为 2016 年 2 月 27 日—2017 年 9 月 14 日。

本章的实证分析主要有以下四方面发现。第一,共享单车进驻显著降低了城市 $PM_{2.5}$ 浓度。具体而言,单一共享单车进驻并无明显效果,ofo 和 Mobike 共同进驻对空气质量的改善效应更加明显,使得城市 $PM_{2.5}$ 浓度降低约 3.832 $\mu g/m^3$。第二,前述作用集中体现在私人小型机动车排放的主要污染物上,而主

要来自燃煤的 SO_2 和能够被当前减排技术有效转化的 CO、NO_2 等污染物受影响较少。第三,城市轨道交通与共享单车有互补作用。第四,共享单车进驻对空气质量的改善幅度在京津冀大气污染传输通道城市更加明显。

事前趋势检验表明,在共享单车进驻之前,处置组与对照组城市的空气质量变动趋势无显著差异。为进一步检验 DID 模型估计结果的稳健性,本章还尝试加入分组线性时间趋势、控制城市季节性特征、重构回归样本、改变数据颗粒度等实证设计,并通过前移共享单车进驻日期和随机生成共享单车进驻日期进行了证伪检验。最后,由于 SO_2 主要来源为燃煤和工业生产、受共享单车进驻影响较小,本章以其作为基准污染物与 $PM_{2.5}$ 形成对照,进而构造 DDD 模型,所得实证结果也与 DID 模型高度一致。

三、研究创新与主要贡献

本章研究内容与两方面文献有关。其一是关于平台进驻的经济社会效益。首先需要说明的是,本章与第四章均以共享单车进驻作为核心解释变量,但关注点不同:本书第四章主要关注新进企业(Mobike)对在位企业(ofo)的影响,本章则整体考察 ofo 和 Mobike 进驻对城市空气质量的影响。与本章的研究思路类似,诸多既有研究考察了平台企业进驻对当地经济、社会发展的影响。以电商平台为例,阿格拉瓦尔和谢巴尔基娜(Agrawal and Shybalkina,2023)基于美国数据的研究表明,电商可以促进税收在空间上的再分配、从城市向农村地区转移;在中国情境下,樊静霆等(Fan et al.,2018)发现电商可以有效促进城市间贸易、降低区域间的消费不平等,库蒂尔等(Couture et al.,2021)则指出电商对农村地区增收并无帮助。再如,诸多关于网约车的研究发现,以 Uber、滴滴为代表的网约车平台进驻可以有效缓解拥堵、减少酒驾、降低机动车闲置率(Cramer and Krueger,2016;Greenwood and Wattal,2017;Li et al.,2022)。就研究对象而言,楚军红等(Chu et al.,2021)与本章最为接近:其研究发现共享单车进驻可以降低地铁站周边住房的溢价、提升距离地铁站较远的住房的价格,扩大地铁作为一种交通基础设施的辐射范围。本章与前述研究均不相同,聚焦于共享单车进驻对空气质量这一关键环境指标的影响。

其二是关于中国空气污染的影响、成因及其治理方式。空气污染对居民健康(Chen et al.,2013;Knittel et al.,2016;Ebenstein et al.,2017)、企业和劳动生产率(王兵等,2008;陈诗一,2010;李树和陈刚,2013;Chang et al.,2019)、主观幸福感(Zhang et al.,2017)和经济增长(邵帅等,2016;陈诗一和陈登科,2018)等具有广泛的影响,其成因和治理方式受到社会各界的广泛关注。

在经济学领域关于空气污染成因的探索中,现有研究主要关注煤炭燃烧和机动车尾气这两项重要的空气污染物来源。在煤炭燃烧方面,陈硕和陈婷(2014)利用煤炭储量作为 IV,发现火电厂建造显著提高了所在地区的 SO_2 浓度;陈诗一和陈登科(2016)基于 74 个城市 2013 年的截面数据,通过联立方程模型发现,煤炭消耗是 $PM_{2.5}$ 的主要贡献者;陈玉宇等(Chen et al.,2013)和埃本斯坦等(Ebenstein et al.,2017)利用"秦岭—淮河"线构造地理断点回归,李金珂和曹静(2017)利用不同城市供暖时间差异构造时间断点回归,均发现冬季燃煤供暖将会显著提高集中供暖地区在集中供暖时期的总悬浮颗粒物(TSP)、SO_2、PM_{10} 和 $PM_{2.5}$ 等主要污染物的浓度。在机动车尾气排放方面,有一些文献致力于研究针对机动车的各项政策对空气质量的影响。例如,机动车使用的汽、柴油质量从"国四"标准提高为"国五"标准能够显著减少空气污染(Li et al.,2020),旨在减少机动车出行的北京市限行政策可以有效改善空气质量(Viard and Fu,2015),意在鼓励机动车出行的全国节假日高速公路免费政策则会导致空气质量恶化(Fu and Gu,2017)。

为有效应对空气污染,我国各级政府广泛动员行政力量、充分调用治理工具,在空气污染治理过程中发挥了重要作用。空气污染及其治理是经济学当中外部性问题的典型代表,政府的治理思路也主要从此着手。一方面,各类污染行为的收益由个体享有,而相应的环境成本则由全社会共同承担。为克服负外部性问题,政府可以通过出台各类环境规制政策,提升污染的成本,约束个体或企业行为。例如,包群等(2013)、石庆玲等(2017)、陈劼等(Chen et al.,2018)

分别考察了地方环保立法、环保部门约谈和设立"两控区"等政策的污染治理效果。另一方面,治理污染的收益由全社会共同享有,而个体却没有足够的动力进行相应投资,因而存在正外部性问题。政府需要通过建设轨道交通基础设施等公共投资来承担公共品服务的成本。梁若冰和席鹏辉(2016)发现轨道交通的开通可以显著降低城市空气污染水平,谷一桢等(Gu et al.,2021)则利用地图软件收集的机动车行驶记录发现地铁开通能够有效缓解城市交通拥堵现象。[①]

总体而言,上述文献主要着眼于工业燃煤、冬季供暖、机动车尾气等因素对空气污染水平的影响,进而考察了政府在环境污染治理中所扮演的角色。与既有研究的关注点不同,本章希望强调以共享单车为代表的数字经济活动也有可能具有积极的生态环境效益。

除了从以上两个方面对既有文献进行充实和拓展,本章研究也具有若干政策启示。首先,本章研究对今后一个时期监管机构如何制定数字经济监管政策具有参考价值。一段时间以来,专家学者和社会各界人士围绕共享单车进行了诸多讨论。部分观点认为共享单车没有为自身占据的公共空间支付必要成本,行业的恶性竞争导致过度投放车辆、侵占公共空间,该商业模式具备一定的负外部性。本章的实证结果则表明,共享单车的普及与推广在丰富居民通勤方式的同时,有效改善了城市空气质量和居住环境,具有相当可观的生态效益。监管机构在对数字经济新兴业态进行规制时,需要充分考虑各类外部性的承担方和受益者,合理制定相关政策以实现发展与监管并重。

此外,本章的发现也为我国的环境污染治理提供了新思路。共享单车是企业家精神与风险投资共同孵化的商业模式创新,用户的使用决策亦是源于自身的通勤需求。共享单车的实践表明,污染治理并不一定以政府政策监管或基础

---

① 还有一部分文献关注了中国特色的政治经济互动及其对环境污染的影响。例如,郭峰和石庆玲(2017)发现,在市委书记更替前后的政治敏感期内,受政企合谋影响较大的空气污染物浓度有所降低;石庆玲等(2016)则发现"两会"召开会带来"政治性蓝天"。

设施建设为前提,企业创新与用户选择的良性互动也可以改善空气质量、增进社会福利。政府与企业、居民在环保问题上不仅是管理与被管理的关系,也可能存在三方激励相容的污染治理方式。

第二节　研究背景

一、共享单车与交通出行

作为一种出行方式,共享单车会在何种程度上影响人们的出行方式选择与城市交通状况? 囿于数据可得性限制,本书无法就此提供直接证据。但诸多基于有桩公共自行车系统的研究对此具有一定参考价值。一方面,有桩公共自行车系统可以替代部分机动车使用。伍德科克等(Woodcock et al.,2014)利用英国伦敦公共自行车系统数据并结合用户调查发现,骑行订单中约有 6% 系从机动车出行转换而来;佩莱赫里尼斯等(Pelechrinis et al.,2016)基于美国匹兹堡市的数据推算,"健康骑行"(Healthy Ride)公共自行车系统的引进使得机动车停车需求平均降低了约 2%。另一方面,有桩公共自行车系统还可以纾解交通拥堵、减少机动车的怠速行驶时长。汉密尔顿和魏希曼(Hamilton and Wichman,2018)基于美国华盛顿特区的公共自行车品牌"首都共享单车"(Capital Bikeshare)的数据研究发现,该公共自行车系统进驻后,周边地区的道路拥堵程度平均下降约 4%;王明舒和周晓路(Wang and Zhou,2017)基于美国 96 个城区的数据研究发现,公共自行车系统对拥堵程度的纾解效果因城市规模而异,但在交通高峰时段的纾解效果非常明显。

如本书第三章所述,共享单车可以被视为有桩公共自行车系统的"升级版",具备更大的用户规模、更广的空间覆盖范围。因此,基于有桩公共自行车系统相关研究所得的结论,在共享单车情境下也应当成立,并且其作用效果有可能更大。若干科研机构和共享单车企业基于代表性城市的加总统计指标,也得出了类似的结论。例如,高德地图发布的《中国"互联网+交通"城市指数研

究报告》、清华同衡和 Mobike 联合发布的《共享单车春季出行报告》均认为,共
享单车有效缓解了交通拥堵问题。以此为基础,考虑到机动车尾气排放是空气
污染的重要成因之一,共享单车对机动车使用的替代效应和对交通拥堵的纾解
效应应当有助于改善城市空气质量。

二、共享单车的行业格局与竞争效应

如本书第三章所述,共享单车行业自 2015 年以来始终呈现多头竞争态势,
多家企业并存、总体势均力敌的市场结构没有本质变化。而本书第四章的分析
则表明,有别于产业组织研究中常见的"竞争导致市场争夺"这一传统认知,
Mobike 的进驻可以提升 ofo 的订单数量、价格水平、用户规模、单车投放数量
和使用效率,也使得 ofo 共享单车网络的空间覆盖范围更广阔、空间分布更均
匀。由于共享单车企业的产品形态具有高度同质性,所以不难推测,ofo 进驻对
Mobike 应当也有类似的效果。

给定以上情况,不难猜想,当两家共享单车企业共同进驻一个城市时,本书
第四章所刻画的竞争效应会促进共享单车市场的快速成长和使用量的急剧膨
胀,从而实现"1+1>2"的共享单车市场扩张。本节前一部分提出,共享单车可
以替代机动车使用、纾解交通拥堵,因而可能有助于改善城市空气质量。而本
部分的讨论则意味着,与单一品牌进驻相比,ofo 和 Mobike 共同进驻所带来的
空气质量改善应当更为明显。

第三节　计量模型

一、DID 模型

本章采用 DID 模型估计共享单车进驻对于城市空气质量的影响,具体回
归方程如方程(6-1)所示:

$$Y_{ct} = \alpha_c + \gamma_t + PostEntry'_{ct}\beta + X'_{ct}\pi + (S_c \times \gamma_t)'\theta + \varepsilon_{ct} \qquad (6-1)$$

其中 Y_{ct} 为城市—日度层面的因变量,即 c 市 t 日各类大气污染物日均浓度。$PostEntry_{ct}$ 为核心解释变量——共享单车进驻,其具体设定则有两种方式。本章首先将其定义为表征"共享单车进驻"的虚拟变量,当 c 市 t 日有 ofo 或 Mobike 当中的至少一家运营时取 1,当两家均未进驻时则取 0。在此基础上,根据已进驻单车平台的数量,又可以将其进一步拆分为两个虚拟变量,分别表示 c 市 t 日为"单一共享单车进驻"还是"两家共享单车进驻"。

在因变量和核心解释变量之外,α_c 和 γ_t 分别代表城市固定效应和日期固定效应,用于消除各城市不随时间变化的特征和每天所有城市面对的共同宏观冲击。X_{ct} 为城市—日度层面的外生控制变量,主要包括两方面内容:其一是考虑到气象因素同时影响空气质量和共享单车的使用,回归方程加入了 c 市 t 日的气象条件,包括气温、最大风速、降水量和相对湿度四个指标;其二是考虑到集中供暖对空气质量的影响,回归方程加入了表征 c 市 t 日集中供暖情况的虚拟变量。ε_{ct} 为误差项。为了应对可能存在的序列相关和异方差问题,后续统计推断均使用聚类到城市的稳健标准误。β 为本章关心的核心参数,即共享单车进驻对污染物浓度的影响。在后续分析中,在样本期内至少有一家共享单车进驻的城市将被称为"处置组城市",而在样本期内没有共享单车进驻的城市则被称为"对照组城市"。

将 DID 估计结果解读为因果关系需要满足一定的前提假设,其中最重要的是平行趋势假定:假如共享单车没有进驻,处置组与对照组城市的空气污染变动趋势总体平行。由于共享单车事实上已经进驻了处置组城市,实证上只能围绕共享单车进驻之前的样本进行事前趋势检验。如本书第三章所述,共享单车企业的进驻决策并非随机决定,处置组与对照组城市、处置组中的先进驻与后进驻城市并不完全可比。针对这一问题,本章采用与第四章相同的方法,控制若干可能影响企业进驻决策但不随时间变化的先定城市特征 S_c 与日期固定效应 γ_t 的交互项,从而允许先定特征在不同日期对因变量产生异质性影响。在此基础上,为检验处置组和对照组因变量的事前趋势是否平行,本章进行如下回归:

$$Y_{ct} = \alpha_c + \gamma_t + \sum_{k=1}^{28} \gamma_{-k} A_{ck} + PostEntry'_{ct}\beta + X'_{ct}\pi + (S_c \times \gamma_t)'\theta + \varepsilon_{ct}$$

$$(6-2)$$

其中 A_{ck} 为处置组 c 城市在首家共享单车进驻之前第 k 天取 1 的一个虚拟变量，其他符号的含义与方程(6-1)中相同。为保证统计效力，28 天之前的日期合并记作 $k = 28$ 天。为保证模型的可识别性，共享单车进驻前的第 14 天被设为基期。$\{\gamma_{-k}\}_{k=1}^{28}$ 的估计结果可用于检验共享单车进驻之前处置组和对照组的因变量时间趋势是否平行。

二、DDD 模型

事前平行趋势只是使用 DID 进行因果推断的一个必要条件而非充要条件，以上 DID 估计依然面临若干挑战。例如，在样本期间内可能有某些针对处置组城市的冲击刚好在时间上也与共享单车进驻同步发生，DID 模型的估计结果可能是由这些不可观测的偶然冲击导致。为此，本章进一步构造 DDD 模型以尝试解决遗漏变量导致的潜在内生性问题。

如奥尔登和摩恩(Olden and Møen，2022)所述，除 DID 方法常用的区域、时间两个层面的变异度之外，DDD 模型致力于利用区域内的冲击强度差异构造第三重差分。在本章情境下，第三重差分来自共享单车进驻对不同类别污染物的差异化影响。当前我国空气中 SO_2 主要来源为工业排放和生活用煤燃烧，而机动车汽、柴油中含硫量极低。以"国五"车用汽油标准为例，硫含量限值为 10 ppm，其燃烧所产生的 SO_2 污染几乎可以忽略不计。因此可以将受小汽车排放影响较小的 SO_2 作为基准污染物，与 $PM_{2.5}$ 构成额外的对照。其对应的 DDD 模型设定如方程(6-3)：

$$Y_{ctp} = \alpha_{ct} + \lambda_{tp} + \pi_{cp} + \beta DualEntry_{ct} \times Type_p + \varepsilon_{ctp} \qquad (6-3)$$

其中 p 为表示污染物种类的下标；$Type_p$ 为表示污染物种类的虚拟变量，$PM_{2.5}$ 取 1 而 SO_2 取 0；α_{ct}、λ_{tp} 和 π_{cp} 分别代表城市—日期固定效应、日期—污染物种类固定效应和城市—污染物种类固定效应，以吸收各城市每天的特征、每种污染物每天的特征、各城市每种污染物的特征；$DualEntry_{ct}$ 代表两家共享单车在 t 日均已进驻 c 市。此时，DID 模型中的气象条件、集中供暖情况、随城市特征而异的日期固定效应等控制变量均被这三组固定效应吸收。需要注意的是，上述模型有效的前提是共享单车进驻对 SO_2 确实没有显著影响，因此才可以将其作为与 $PM_{2.5}$ 相对的基准污染物。本章第六节将对此进行验证。

第四节　数据与样本

本章的核心解释变量为"共享单车进驻"。此前，为开展本书第四章的实证分析，笔者收集了 Mobike 进驻各城市的具体日期。本章则进一步整合了来自 ofo 内部记录的 ofo 进驻各城市的具体日期。参照第四章的做法，若 ofo 和 Mobike 在某城市存在试运营阶段，则以试运营开始时间作为该品牌单车的进驻时间。

在结果变量方面，本章从"中国空气质量在线监测分析平台"获取了城市—日度 $PM_{2.5}$ 浓度数据，以其作为空气质量的度量指标。本章还同时获取了 PM_{10}、SO_2、CO 和 NO_2 等主要大气污染物的城市—日度浓度数据。

就控制变量而言，本章通过"中国气象数据服务中心"查询了中国地面气象站逐小时观测资料，并在城市—日度层面进行平均，最终得到气温、最大风速、降水量和相对湿度四个指标。本章还进一步查询了各地集中供暖时间，构造了表征城市—日度集中供暖情况的虚拟变量。先定城市特征（S_c）的数据来源与本书第四章相同。

本章采用与第四章相同的方法（参见第四章第三节第五部分）对样本进行精练，最终得到 2016 年 2 月 27 日至 2017 年 9 月 14 日城市—日度面板数据。该样本共覆盖 278 个城市，包括 128 个处置组城市、150 个对照组城市。主要变量的描述性统计如表 6-1 所示。

表 6-1 描述性统计

样本	全样本		处置组		对照组	
统计量	均值	标准差	均值	标准差	均值	标准差
a：城市—日度变量						
样本数	152 913		70 407		82 506	
$PM_{2.5}$（$\mu g/m^3$）	44.624	35.804	47.535	38.850	42.139	32.779
PM_{10}（$\mu g/m^3$）	79.978	60.486	84.174	61.743	76.396	59.158
CO（mg/m^3）	0.994	0.542	1.032	0.584	0.962	0.502
NO_2（$\mu g/m^3$）	30.600	16.599	34.692	17.972	27.108	14.441
SO_2（$\mu g/m^3$）	20.347	22.061	20.235	23.953	20.442	20.306
温度（℃）	16.799	10.128	17.947	9.076	15.820	10.851
最大风速（m/s）	2.683	1.018	2.658	0.952	2.705	1.071
降水量（mm）	0.140	0.432	0.145	0.444	0.135	0.422
相对湿度（%）	71.417	17.434	71.981	17.174	70.936	17.638
集中供暖	0.160	0.367	0.142	0.349	0.176	0.381
b：城市特征						
样本数	278		128		150	
人均GDP（元）	50 741	29 268	62 078	32 615	41 067	21 937
人口密度（万人/平方公里）	0.043	0.034	0.056	0.038	0.033	0.025
人均出租车数量（辆/万人）	21.835	20.111	21.960	18.940	21.727	21.122
人均公共汽车数量（辆/万人）	12.692	55.738	19.854	81.622	6.581	3.932
人均城市道路面积（平方米/人）	13.231	9.431	15.627	11.900	11.186	5.959
移动电话普及度（万户/万人）	1.029	0.796	1.289	1.075	0.807	0.291
互联网普及度（万户/万人）	0.202	0.191	0.254	0.227	0.156	0.141
平均坡度	526.718	606.028	495.860	590.130	553.050	620.023

需要说明的是，虽然本章对样本进行精练的原则与第四章相同，但最终所得到的样本涵盖的城市数多于第四章。原因在于，第四章的实证分析以 ofo 运

营数据可得性为前提,ofo 未进驻的城市不会出现在回归样本当中;本章则仅用到 ofo 进驻各城市的日期信息、不涉及 ofo 在各城市的具体运营数据,所以即便 ofo 未进驻的城市也依然可以出现在回归样本中。具体而言,ofo 未进驻的城市既可以作为对照组城市(若 Mobike 也未进驻),也可以作为处置组城市(若 Mobike 在样本期内进驻)。

第五节 基本实证结果

本节将分四部分汇报回归结果。第一部分报告 DID 模型的估计结果;第二部分报告 DID 模型的事前趋势检验;第三部分将通过加入分组线性时间趋势、控制城市季节性特征、重构回归样本、改变数据颗粒度等方法进行稳健性检验;第四部分将通过前移共享单车进驻日期和随机生成共享单车进驻日期进行证伪检验。

一、DID 模型估计结果

本部分首先报告 DID 模型的估计结果。表 6-2 的模型(1)和模型(2)仅控制了城市、日期固定效应和气象条件。模型(1)的核心解释变量为表征 c 市 t 日共享单车进驻与否的虚拟变量;在模型(2)中,根据已进驻共享单车平台的数量,该变量被进一步分解为"单一共享单车进驻"和"两家共享单车进驻"两个虚拟变量。在此基础上,模型(3)控制了城市—日度的集中供暖情况,模型(4)则进一步控制了不随时间变化的先定城市特征(即表 6-1b 中的变量)与日期固定效应的交互项。

表 6-2 共享单车进驻对空气质量的影响

因变量	模型(1)	模型(2)	模型(3)	模型(4)
	$PM_{2.5}$			
共享单车进驻	-2.305^{**}			
	(0.896)			

续　表

因变量	模型(1)	模型(2)	模型(3)	模型(4)
		PM$_{2.5}$		
单一共享单车进驻		−0.619	−0.225	0.058
		(1.137)	(1.048)	(1.036)
两家共享单车进驻		−3.952***	−3.269***	−3.832**
		(1.205)	(1.135)	(1.500)
城市固定效应	控制	控制	控制	控制
日期固定效应	控制	控制	控制	控制
气象条件	控制	控制	控制	控制
集中供暖			控制	控制
城市特征×日期固定效应				控制
聚类数	278	278	278	278
样本数	152 913	152 913	152 913	152 913

注:括号中为聚类到城市的稳健标准误。为节约空间,此处没有报告控制变量的估计结果。本章后续表格同此。模型(4)对应的设定在本章后续分析中被称为"基准模型"。

表 6-2 主要传递了三方面信息:首先,就总体效果而言,共享单车进驻显著降低了城市 PM$_{2.5}$ 浓度。其次,如果针对共享单车进驻情况进行细化分析,实证结果显示"单一共享单车进驻"的估计系数普遍较小且在统计上均不显著,而"两家共享单车进驻"的系数绝对值较大且至少在 5% 的水平上显著。这意味着两家共享单车共同进驻对空气质量的改善效应更加明显。最后,在逐渐加入控制变量的过程中,"两家共享单车进驻"系数的绝对值大小和统计显著性的变化都较为有限。

二、事前趋势检验

将上述 DID 估计的结果阐释为因果关系依赖于一定的条件,其中最重要的就是处置组和对照组的因变量在共享单车进驻前后具有相互平行的时间趋势。由于处置组城市在共享单车进驻后的反事实情形不可知,本部分转而检验其成立的必要条件,即事前平行趋势。以基准模型估计方程(6-2),所得

$\{\gamma_{-k}\}_{k=1}^{28}$估计值及95%显著性水平的置信区间如图6-1所示。由图6-1可知,所有$\{\gamma_{-k}\}_{k=1}^{28}$系数均不显著并且没有出现任何连续性变动的趋势。该结果表明,在共享单车进驻之前,空气质量变动趋势在处置组与对照组城市之间无明显差异。

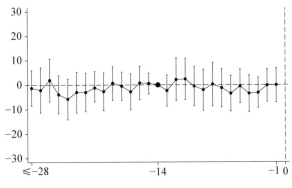

图6-1　事前趋势检验

三、稳健性检验

为进一步证实上述结果的可靠性,本部分从以下五个方面进行稳健性检验。

第一,加入表示处置组城市的虚拟变量与线性时间趋势的交互项,以进一步控制城市空气质量在时间趋势上的潜在差异。表6-3模型(1)表明,在控制因组别而异的线性时间趋势后,单一共享单车进驻的效果依然不显著,两家共享单车进驻的系数绝对值有所提升,并且在统计显著性上保持稳定。

第二,生成代表年份(2016、2017年)、月份(1—12月)的虚拟变量,并将其与城市固定效应进行完全交互(也即城市固定效应×年份固定效应×月份固定效应),从而考虑不同城市因为经济禀赋、产业结构差异而在空气质量方面呈现出的季节性特征。如表6-3模型(2)估计结果所示,在此种更为严格的模型设定下,估计结果依然与基准模型保持高度一致。

　　第三,利用倾向得分匹配的方法来重构回归样本,以进一步解决关于样本可比性的担忧。具体而言,笔者首先以先定城市特征 S_c 作为自变量、以共享单车进驻与否作为因变量进行横截面回归,进而计算出每个城市的倾向得分;而后为每个处置组城市一对一匹配得分最为相近的对照组城市。表6-3模型(3)报告了基于这一匹配样本的估计结果。估计系数绝对值虽然有所减小,但依然在5%的水平上显著。

　　第四,构造两组子样本回归,以分别进行"无共享单车与仅一家共享单车进驻"和"一家共享单车与两家共享单车进驻"的对比。如图6-2所示,样本被分为三大类、六小类:(1)对照组城市的全部样本,记为S1;(2)样本期内仅有一家共享单车进驻的城市,进驻前样本记为S2,进驻后样本记为S3;(3)样本期内两家共享单车均进驻的城市,第一家共享单车进驻前样本记为S4,第一家共享单车进驻后、第二家共享单车进驻前的样本记为S5,两家共享单车均进驻后的样本记为S6。接下来首先将样本S1、S2、S3、S4和S5混合,仅加入表征单一共享单车进驻的自变量;而后将样本S3、S5和S6混合,仅加入表征两家共享单车进驻的自变量。表6-3模型(4)和模型(5)汇报了基于这两个子样本的回归结果。该结果与基准模型的发现保持一致,即共享单车对空气质量的改善在两家单车共同进驻时更为明显。

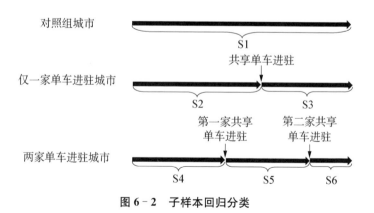

图6-2　子样本回归分类

第五,本章的基准回归使用城市—日度层面的样本进行分析,但共享单车的实际进驻时间可能与媒体报道时间存在差异,从而引发测量误差问题。为此,可将各变量在周度层面进行平均,采用与基准模型相似的设定重新进行估计。此时日期固定效应被替换为周度固定效应,先定城市特征与日期固定效应的交互项也进行了相应调整。如表6-3模型(6)估计结果所示,将样本观测频率调整为周度后,基准回归下所得到的实证结果依然保持稳健。

表6-3 稳健性检验

因变量	模型(1)	模型(2)	模型(3)	模型(4)	模型(5)	模型(6)
	PM$_{2.5}$					
稳健性检验方式	处置组线性趋势	城市季节性特征	倾向得分匹配	子样本回归		周度数据
单一共享单车进驻	−1.411	0.058	0.870	−1.156		−0.177
	(1.569)	(1.036)	(1.062)	(1.316)		(0.995)
两家共享单车进驻	−5.466**	−3.843**	−3.164**		−2.772*	−3.954***
	(2.146)	(1.500)	(1.493)		(1.457)	(1.420)
城市固定效应	控制	控制	控制	控制	控制	控制
日期固定效应	控制	控制	控制	控制	控制	
气象条件	控制	控制	控制	控制	控制	控制
集中供暖	控制	控制	控制	控制	控制	控制
城市特征×日期固定效应	控制	控制	控制	控制	控制	
处置组×线性时间趋势	控制					
城市固定效应×季节性特征		控制				
周度固定效应						控制
城市特征×周度固定效应						控制
聚类数	278	278	182	276	128	278
样本数	152 913	152 913	140 917	111 627	20 497	22 501

注:按照正文所述的匹配方法,不同处置组城市可能匹配同一个对照组城市;且在Stata软件中,同一对照组城市观测值的重复使用实际上通过样本加权来实现,并非直接复制对照组城市样本。因此,模型(3)的样本数不等于处置组样本数的两倍。有2个城市系ofo和Mobike在同一天进入,故而不存在S5类样本,这使得模型(4)中聚类数较基准模型少了2个。

四、证伪检验

为反向佐证前述回归结果的可信性,本节构造了两组证伪检验。

首先,将真实数据中的共享单车进驻时间向前挪动 30、60、90 和 120 天,从而构造四组表征伪共享单车进驻的回归元。[①] 表 6-4 的实证结果表明,使用伪共享单车进驻进行回归的各列系数均不显著。由于图幅限制,图 6-1 无法将事前所有日度的回归系数都呈现出来,此处结果有助于进一步确认,处置组和对照组城市的因变量在共享单车进驻前保持平行。

表 6-4　证伪检验:前移共享单车进驻时间

因变量	$PM_{2.5}$			
真实进驻日期前:	30 天	60 天	90 天	120 天
伪单一共享单车进驻	1.864	0.558	1.259	3.058
	(1.886)	(1.746)	(1.563)	(1.919)
伪两家共享单车进驻	−3.294	−3.353	−1.808	0.908
	(2.762)	(2.526)	(2.921)	(2.831)
城市固定效应	控制	控制	控制	控制
日期固定效应	控制	控制	控制	控制
城市特征×日期固定效应	控制	控制	控制	控制
气象条件	控制	控制	控制	控制
集中供暖	控制	控制	控制	控制
聚类数	278	278	278	278
样本数	127 945	123 381	118 637	113 450

其次,借鉴李培等(Li et al.,2016)的做法,本节采用蒙特卡洛模拟(Monte Carlo simulation)生成伪共享单车进驻进行证伪检验。具体而言,ofo 进驻不同城市的时间分布于 83 个日期,记作 $date_{o1}$, $date_{o2}$, …, $date_{o83}$;Mobike 进驻不同城市的时间则分布于 81 个日期,记作 $date_{M1}$, $date_{M2}$, …, $date_{M81}$。本节采

[①] 为避免共享单车进驻后的样本对证伪检验形成干扰(因为该部分样本确实受到了共享单车进驻的影响),此处仅保留了全部对照组样本和共享单车进驻前的处置组样本(也即图 6-2 中的 S1、S2、S4 类样本)。

用如下的蒙特卡洛模拟过程生成数据：从第一个日期 $date_{o1}$ 开始，从全体城市中随机抽取城市，假设 ofo 在该日进驻该城市；随后从剩余城市中继续随机抽取，假设 ofo 于 $date_{o2}$ 进驻该城市……依次类推，直至抽取出假设于 $date_{o83}$ 进驻的城市。而后对 Mobike 的 81 个进驻日期也重复上述抽取过程。该步骤完成后，根据模拟的 ofo、Mobike 进驻信息，生成相应的伪共享单车进驻变量，而后对方程(6-1)进行估计并记录 β 估计值。

上述过程重复 500 次后，所得的回归系数分布绘制在图 6-3 中。图中还添加了正态分布曲线作为对照，而左侧竖线则表示表 6-2 模型(4)的基准估计系数。从中可知，500 次蒙特卡洛模拟得到的估计系数在 0 附近基本呈正态分布，没有任何一次模拟的估计系数的绝对值达到了基于真实数据所得的估计结果。由此可以进一步排除基准回归结果是由其他偶然因素驱动的可能性。

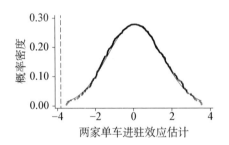

图 6-3　500 次蒙特卡洛模拟估计系数分布

至此，前述实证分析基本印证了本章第二节所提出的两方面猜想：第一，共享单车进驻有助于改善城市空气质量；第二，与单一品牌进驻相比，ofo 和 Mobike 共同进驻所带来的空气质量改善更为明显。在后续分析中，本章将主要关注"两家共享单车进驻"的估计系数，不再逐一标识基准模型中的各类控制变量和交互项，将单一共享单车进驻、控制变量和各类交互项统一标识为"基准模型"。

第六节 进一步分析

如本章第二节所述,对于上述实证结果作用机制的一个合理猜想是:共享单车进驻改变了机动车使用行为,进而影响污染水平和空气质量。该机制又可以具体细分为两条渠道:一是替代一部分汽车出行,进而减少尾气排放;二是降低城市交通拥堵,进而减少机动车怠速行驶产生的污染物。遗憾的是,笔者未能获取城市—日度机动车使用数据或道路拥堵指数,无法直接以相关变量作为因变量来进行机制检验。但如本章第二节第一部分所述,已有诸多研究基于有桩公共自行车系统提供了实证证据,相关研究结论在共享单车情境下也应当基本成立。在此基础上,笔者尝试构造以下三组实证分析为作用机制提供支持性证据。

一、污染物差异性变动和 DDD 估计

共享单车进驻并非同等程度地影响所有污染物排放。汽车工程和环境工程相关领域的文献表明,伴随着燃油标准特别是汽油标准的升级,汽车尾气的原始成分几乎不含硫,SO_2 污染物的主要来源是燃煤与工业生产。机动车尾气主要由 CO、NO_2、碳氢化合物和 PM(颗粒物)等构成。但目前多数汽车都已安装尾气三元催化转化器,将 CO、NO_2 和碳氢化合物转化为二氧化碳、水和氮气三种无害气体。因此,私人小型机动车对大气污染的影响,主要在于颗粒物的直接排放。[1]

本节以 PM_{10} 等四类污染物浓度作为因变量,在基准模型下进行回归。表 6-5 中的结果与上述推论基本一致:共享单车进驻也能够有效地降低 PM_{10} 的浓度;而主要来自燃煤的 SO_2 和能够被当前减排技术有效转化的 CO、NO_2

---

[1] 关于不同类型机动车尾气成分构成的差异及其对空气污染的影响,可参见樊筱筱等(2016)和樊筱筱(2016)的研究。

等污染物作为因变量时的估计系数绝对值较小,且在统计上均不显著。

表 6-5 使用其他大气污染物作为因变量

因变量	PM_{10}	SO_2	CO	NO_2
两家共享单车进驻	-4.196^{**}	0.321	-0.031	-0.739
	(1.850)	(1.250)	(0.027)	(0.628)
基准模型	控制	控制	控制	控制
聚类数	278	278	278	278
样本数	152 913	152 913	152 913	152 913

上述结果也有助于进一步确认 DDD 模型的适用条件,即 SO_2 和 $PM_{2.5}$ 受共享单车进驻的影响存在系统性差异,因而可以在城市、日度之外再增加"污染物类型"这一维度的差分。此时,每个城市每个日度有 $PM_{2.5}$ 和 SO_2 两种污染物的两条观测。表 6-6 表明,共享单车进驻使得 $PM_{2.5}$ 浓度比 SO_2 浓度额外降低了 $4.057\ \mu g/m^3$。这一系数的大小与之前 DID 模型的估计结果基本一致。

表 6-6 DDD 模型估计结果

因变量	污染物浓度
两家共享单车进驻×污染物类型	-4.057^{***}
	(1.419)
城市—日度固定效应	控制
日度—污染物类型固定效应	控制
城市—污染物类型固定效应	控制
聚类数	278
样本数	305 826

二、共享单车使用强度与空气质量改善程度

验证潜在作用机制的另一个视角在于,共享单车进驻所带来的空气质量改善程度应该与共享单车的使用强度密切相关。在城市—日度层面,共享单车的订单量越高、提供的出行服务越多,则对机动车的替代和对拥堵的纾解也应该越强。遗憾的是,笔者仅拥有 ofo 的城市—日度订单量,无法精确测度两家共

享单车的总体使用强度;但考虑到 ofo 和 Mobike 在产品形态、服务质量等方面的相似性,且二者的市场份额总体相当,ofo 的订单量应当可以在很大程度上刻画城市—日度的共享单车使用情况。具体而言,本节将 ofo 城市—日度订单量乘 2,将其减去样本均值后(demean)与核心解释变量进行交互,以检验共享单车使用强度的差异是否会影响污染物浓度下降的幅度。表 6 - 7 模型(1)的回归结果显示,共享单车使用量每增加 1 万笔订单,$PM_{2.5}$ 浓度会额外下降 $0.004\,\mu g/m^3$。该实证结果表明,共享单车使用强度与空气质量改善幅度之间有直接关联,这进一步增强了前述机制假说的可信性。

表 6 - 7 机制分析的其他支持性证据

因变量	模型(1)	模型(2)	模型(3)
	$PM_{2.5}$		
两家共享单车进驻	-3.374^{**}	-3.436^{**}	-2.604^{*}
	(1.612)	(1.484)	(1.543)
两家共享单车进驻×共享单车使用强度	-0.004^{**}		
	(0.002)		
两家共享单车进驻×地铁通车里程		-0.015^{*}	
		(0.008)	
两家共享单车进驻×大气污染传输通道城市			-7.365^{**}
			(2.870)
基准模型	控制	控制	控制
聚类数	278	278	278
样本数	152 913	152 913	152 913

三、共享单车进驻与轨道交通、政府治理的协同效应

共享单车除了独立满足短途出行需求之外,还可以解决地铁站点与行程起点、终点之间的过渡问题,从而构建起"共享单车—地铁—共享单车"的联合通勤方案,更多地替代机动车出行。如果共享单车进驻确实可以通过替代机动车出行发挥作用,那么城市的既有轨道交通体系可能放大这一影响。本节进一步收集了全国各城市地铁开通时间和通车里程数,并将其与核心解释变量进行交

互。表6-7模型(2)的结果显示,伴随着城市地铁通车里程的延长,共享单车进驻带来的空气质量改善幅度也随之增大。

最后值得注意的是,政府推行的环境保护政策与共享经济带来的生态环境效益可能存在协同效应。例如,为破解北京及周边地区大气污染防治中的热点难点问题、全面推进京津冀区域联防联控,原环境保护部与京津冀三省市联合确定了28个城市作为"京津冀大气污染传输通道城市",对该类城市采取重点督查、定期数据披露等措施。笔者从生态环境部的网站收集了上述城市的名单,将对应的虚拟变量与共享单车进驻进行交互。由表6-7模型(3)的回归结果可知,共享单车的污染治理效应在京津冀大气污染传输通道城市更加明显。

第七节　小结

本章利用两家共享单车企业分批进驻各城市的自然实验,使用城市—日度数据实证检验了共享单车进驻对空气质量的影响。在控制气象条件和集中供暖等外生冲击、考虑各类城市特征可能引发的差异化变动之后,本章发现两家共享单车企业的共同进驻使得城市 $PM_{2.5}$ 浓度下降约 $3.832\,\mu g/m^3$。进一步分析表明,上述作用在私人小型机动车排放的主要污染物上体现得更为明显,随着共享单车订单量的上升而扩大,在轨道交通发达的城市和京津冀大气污染传输通道城市更加显著。

本章从空气污染治理的角度,讨论了共享单车进驻带来的生态环境效益。本章的研究发现对环境污染治理和数字经济监管均具有良好的借鉴意义。一方面,污染治理并不一定以政府监管政策为前提,数字经济中的企业产品创新与用户自发选择也可以改善空气质量、增进社会福利。就这个角度而言,大力发展数字经济是建设美丽中国、践行"绿水青山就是金山银山"发展理念的应有之义。另一方面,有关部门在对各类数字经济新兴业态进行监管时,要充分考虑各方面的外部性和溢出效应,合理制定相关政策以实现发展与监管并重。

第七章　结论和研究展望

第一节　研究结论

本书利用来自共享单车企业的数据,综合运用理论模型和 DID、IV、RDD、DDD 等应用微观计量方法,讨论了数字经济情境下的产业组织问题以及数字经济的生态环境效益。

本书的主要研究发现包括以下三个方面。第一是关于数字经济中的企业竞争效应。研究表明,在共享单车行业中,新进企业对在位企业的影响主要体现为市场扩张效应。共享单车的网络效应和成本凸性等产业组织特征在此过程中发挥了关键作用。第二是关于数字经济中数据作为生产要素对用户流量分布的影响。研究发现,互联网平台企业可利用大数据征信技术发掘数据作为生产要素的价值,进而依托个人征信服务与共享单车等企业联合开展信用免押。这一产业实践有助于互联网平台企业提升自身用户流量。第三是关于数字经济的生态环境效益。作为一种绿色出行方式,共享单车的进驻有助于降低城市空气污染水平、提升城市空气质量。这意味着数字经济除了传统意义上的经济价值之外,还可以创造显著的生态环境效益。

第二节　政策启示

本书的研究结论除了填补既有文献的空白之外,还具有较为丰富的政策含义,对未来一段时期数字经济监管政策的制定具有借鉴意义。

首先,数字经济监管政策要充分考虑行业的特异性。以本书第四章的研究内容为例。长期以来,监管机构和社会公众普遍怀有"网络效应导致赢者通吃"的惯性认知,进而对具有网络效应行业的头部企业怀有高度警惕,认为该类行业易面临垄断风险。而本书第四章的研究则表明,至少在共享单车这一行业中,网络效应非但没有使市场走向垄断,反而发挥了支持、维护市场竞争的作用。而这一结论之所以成立,又有赖于共享单车行业的成本凸性、用户多栖性等特征。因此,针对数字经济制定相关政策,特别是开展反垄断规制时,应当充分把握目标行业的产业组织特征,进而深入理解行业的竞争态势和市场结构。

其次,数字经济监管政策要充分考虑行业间的协同性。以本书第五章的研究内容为例:互联网平台企业提供的芝麻信用等个人征信服务固然有其独特优势,但有关企业依托大数据征信技术可以实现"征信—流量—数据—征信"的正反馈闭环,从而加剧用户流量在不同平台之间的非均衡分配。因此,在建设社会信用体系的进程中,要同时警惕基于大数据征信技术的流量垄断,在二者协同的基础上推进数据要素价值发掘。

最后,数字经济监管政策在视野上要具有全局性和整体性。自共享单车诞生之初,即有诸多学者和媒体认为,共享单车侵占城市道路这一公共品,具有极高的负外部性。而本书第六章的研究则表明,共享单车有助于改善城市空气质量,因而具有积极的生态环境效益。由此可见,监管机构在对新兴业态进行管理时,需要全局性、整体性地考虑其经济社会成本和收益,合理制定相关政策以实现发展与监管并重。

第三节　研究展望

本书的研究还有诸多改进和拓展空间,笔者谨在此列出其中的几个方面,以供读者参考。

第一,本书第四章的理论模型以规模报酬递增的匹配函数刻画共享单车行业的网络效应,是一种较为抽象的整体描述。由于该章的核心议题是企业竞争效应,因而对网络效应进行了适度简化处理,没有过多展开。实际上,在共享单车行业中,如何充分发挥网络效应、依托用户力量进行单车调度进而降低运营成本,是企业面临的核心问题之一。推广开来,各类数字经济企业普遍面临类似问题,即如何通过激励设计引导用户行为,进而实现用户和企业的双赢。部分研究已经结合通证(token)激励进行了讨论(Liu et al., 2022; Sockin and Xiong, 2023),但此领域还有广阔的空间留待研究者发掘。

第二,本文第五章就数据要素、大数据征信和用户流量的关系进行了简约式(reduced-form)研究。关于“征信—流量—数据—征信”正反馈闭环,其实仅实证检验了“征信—流量”这一环节,其他环节更多的是依靠生活经验、行业访谈和相关文献加以佐证。此外,该章研究所讨论的用户流量,也仅限于共享单车这一消费场景。如果能在一个一般均衡框架内系统性讨论数据要素、社会信用体系建设和平台流量的互动,应当能够得出更具理论价值的研究结论。

第三,数字经济对社会的方方面面均产生了广泛而深远的影响,生态环境效益只是其中最直观、最便于检验的角度之一。除此之外,数字经济对城市空间结构、经济活动分布、居民行为习惯等都有深刻的塑造作用,对于消费不平等、空间发展差异等也可能产生深远影响。如何利用数字经济带来的冲击,结合新型数据,更充分地讨论数字经济的各类影响,是值得研究者未来关注的问题。

附录

附录一　共享单车进驻情况与城市分类

本书第四章和第六章的实证分析共涉及五类城市。根据 ofo 和 Mobike 的进驻情况和先后次序,可分为"ofo 先进驻、Mobike 后进驻""Mobike 先进驻、ofo 后进驻""仅 ofo 进驻""仅 Mobike 进驻"和"无共享单车进驻"。其中,前四类城市可依次简记为 ofo First(开封市和银川市为二者同日进驻,为简便起见,也记为 ofo First)、Mobike First、ofo Alone、Mobike Alone。本书第四章实证分析以 ofo First 为处置组、ofo Alone 为对照组,并在稳健性检验中加入了 Mobike First 作为对照组。第六章实证分析则以 ofo First、Mobike First、ofo Alone、Mobike Alone 四类样本为处置组,以无共享单车进驻的城市为对照组。

表 A-1 汇总报告了 ofo 和 Mobike 进驻各城市的时间。其中"—"表示 ofo 或 Mobike 未进驻该城市,因而进驻日期为空值。ofo 和 Mobike 均未进驻的城市不在此表中。

表 A-1　ofo 和 Mobike 进驻各城市日期

城市	ofo 进驻日期	Mobike 进驻日期	分组
安庆市	2016 年 12 月 6 日	—	ofo Alone
安阳市	—	2017 年 6 月 9 日	Mobike Alone
宝鸡市	—	2017 年 4 月 28 日	Mobike Alone
保定市	2017 年 3 月 9 日	2017 年 6 月 19 日	ofo First
保山市	—	2017 年 3 月 7 日	Mobike Alone

城市	ofo 进驻日期	Mobike 进驻日期	分组
北海市	—	2017 年 6 月 15 日	Mobike Alone
沧州市	—	2017 年 5 月 27 日	Mobike Alone
常德市	—	2017 年 5 月 26 日	Mobike Alone
成都市	2016 年 8 月 22 日	2016 年 11 月 16 日	ofo First
大连市	2017 年 6 月 26 日	2017 年 4 月 16 日	Mobike First
大同市	2017 年 3 月 3 日	2017 年 6 月 27 日	ofo First
德阳市	2017 年 4 月 22 日	2017 年 3 月 9 日	Mobike First
德州市	2017 年 5 月 23 日	2017 年 4 月 27 日	Mobike First
东莞市	2017 年 2 月 24 日	2017 年 1 月 13 日	Mobike First
鄂尔多斯市	2017 年 6 月 9 日	2017 年 5 月 8 日	Mobike First
鄂州市	2017 年 5 月 16 日	2017 年 7 月 16 日	ofo First
福州市	2016 年 8 月 19 日	2017 年 2 月 7 日	ofo First
赣州市	2017 年 4 月 20 日	2017 年 6 月 16 日	ofo First
广州市	2016 年 6 月 8 日	2016 年 9 月 27 日	ofo First
贵阳市	2017 年 3 月 6 日	2017 年 4 月 9 日	ofo First
桂林市	2017 年 3 月 1 日	2017 年 5 月 30 日	ofo First
海口市	2017 年 2 月 28 日	2017 年 2 月 17 日	Mobike First
邯郸市	2017 年 4 月 14 日	2017 年 5 月 6 日	ofo First
汉中市	—	2017 年 4 月 6 日	Mobike Alone
杭州市	2016 年 9 月 12 日	2017 年 4 月 16 日	ofo First
合肥市	2016 年 8 月 24 日	2017 年 2 月 13 日	ofo First
河源市	2017 年 6 月 9 日	—	ofo Alone
衡阳市	—	2017 年 7 月 8 日	Mobike Alone
呼和浩特市	2017 年 5 月 1 日	—	ofo Alone
黄冈市	2017 年 5 月 15 日	2017 年 8 月 25 日	ofo First
济南市	2016 年 8 月 29 日	2017 年 1 月 25 日	ofo First
济宁市	2017 年 6 月 17 日	2017 年 5 月 17 日	Mobike First
嘉兴市	2017 年 4 月 6 日	2017 年 4 月 27 日	ofo First
江门市	2017 年 4 月 10 日	2017 年 3 月 27 日	Mobike First
揭阳市	2017 年 4 月 17 日	—	ofo Alone
金华市	2017 年 3 月 31 日	2017 年 5 月 20 日	ofo First
晋中市	2017 年 5 月 6 日	2017 年 5 月 17 日	ofo First
荆州市	—	2017 年 5 月 24 日	Mobike Alone
九江市	2017 年 4 月 20 日	2017 年 5 月 20 日	ofo First

续　表

城市	ofo 进驻日期	Mobike 进驻日期	分组
开封市	2017 年 5 月 17 日	2017 年 5 月 17 日	ofo First
克拉玛依市	2017 年 8 月 22 日	—	ofo Alone
昆明市	2016 年 8 月 27 日	2017 年 1 月 8 日	ofo First
莱芜市	—	2017 年 6 月 25 日	Mobike Alone
兰州市	2016 年 8 月 25 日	2017 年 7 月 10 日	ofo First
廊坊市	2017 年 4 月 20 日	2017 年 5 月 17 日	ofo First
乐山市	2017 年 5 月 10 日	2017 年 5 月 17 日	ofo First
丽水市	—	2017 年 6 月 24 日	Mobike Alone
临沧市	—	2017 年 5 月 29 日	Mobike Alone
临汾市	—	2017 年 4 月 19 日	Mobike Alone
六安市	—	2017 年 6 月 6 日	Mobike Alone
六盘水市	2017 年 5 月 6 日	—	ofo Alone
洛阳市	2017 年 4 月 20 日	2017 年 4 月 10 日	Mobike First
马鞍山市	2016 年 12 月 28 日	2017 年 5 月 11 日	ofo First
眉山市	2017 年 7 月 8 日	2017 年 6 月 23 日	Mobike First
绵阳市	2017 年 3 月 17 日	2017 年 3 月 6 日	Mobike First
南昌市	2016 年 8 月 20 日	2017 年 2 月 24 日	ofo First
南充市	2017 年 5 月 8 日	2017 年 5 月 17 日	ofo First
南京市	2016 年 6 月 14 日	2017 年 1 月 12 日	ofo First
南宁市	2016 年 9 月 7 日	2017 年 2 月 21 日	ofo First
南通市	2017 年 4 月 29 日	—	ofo Alone
内江市	—	2017 年 5 月 31 日	Mobike Alone
宁波市	2017 年 1 月 14 日	2016 年 12 月 6 日	Mobike First
宁德市	2017 年 4 月 25 日	—	ofo Alone
濮阳市	2017 年 7 月 22 日	2017 年 8 月 11 日	ofo First
秦皇岛市	2017 年 4 月 28 日	2017 年 6 月 12 日	ofo First
青岛市	2017 年 2 月 21 日	2017 年 5 月 7 日	ofo First
衢州市	—	2017 年 7 月 15 日	Mobike Alone
泉州市	2017 年 3 月 14 日	2017 年 3 月 8 日	Mobike First
日照市	2017 年 4 月 29 日	2017 年 3 月 19 日	Mobike First
三门峡市	2017 年 6 月 19 日	—	ofo Alone
厦门市	2016 年 12 月 17 日	2016 年 12 月 20 日	ofo First
汕头市	2017 年 4 月 12 日	2017 年 2 月 19 日	Mobike First
上海市	2016 年 5 月 9 日	2016 年 4 月 22 日	Mobike First

城市	ofo 进驻日期	Mobike 进驻日期	分组
上饶市	2017 年 5 月 14 日	—	ofo Alone
韶关市	2017 年 6 月 1 日	—	ofo Alone
绍兴市	—	2017 年 4 月 26 日	Mobike Alone
深圳市	2016 年 9 月 11 日	2016 年 10 月 16 日	ofo First
沈阳市	2017 年 5 月 8 日	2017 年 5 月 17 日	ofo First
十堰市	2017 年 8 月 19 日	—	ofo Alone
石家庄市	2016 年 8 月 31 日	2017 年 3 月 6 日	ofo First
苏州市	2017 年 1 月 15 日	2017 年 6 月 18 日	ofo First
台州市	2017 年 5 月 18 日	2017 年 7 月 1 日	ofo First
太原市	2016 年 8 月 17 日	2017 年 5 月 14 日	ofo First
泰安市	2017 年 4 月 10 日	2017 年 5 月 23 日	ofo First
唐山市	2017 年 4 月 1 日	2017 年 4 月 17 日	ofo First
天津市	2016 年 8 月 27 日	2017 年 2 月 12 日	ofo First
威海市	2017 年 4 月 25 日	2017 年 5 月 7 日	ofo First
潍坊市	2017 年 4 月 28 日	—	ofo Alone
渭南市	2017 年 5 月 20 日	2017 年 5 月 21 日	ofo First
温州市	2017 年 5 月 14 日	2017 年 4 月 8 日	Mobike First
乌海市	2017 年 6 月 30 日	—	ofo Alone
乌鲁木齐市	2017 年 7 月 5 日	2017 年 7 月 7 日	ofo First
无锡市	2017 年 3 月 2 日	2017 年 3 月 3 日	ofo First
芜湖市	2017 年 3 月 16 日	2017 年 3 月 26 日	ofo First
武汉市	2016 年 4 月 18 日	2016 年 12 月 29 日	ofo First
西安市	2016 年 5 月 27 日	2017 年 2 月 19 日	ofo First
西宁市	2017 年 5 月 8 日	—	ofo Alone
咸宁市	2017 年 6 月 6 日	2017 年 6 月 12 日	ofo First
咸阳市	2017 年 4 月 29 日	2017 年 5 月 17 日	ofo First
湘潭市	2017 年 4 月 24 日	—	ofo Alone
襄阳市	2017 年 4 月 2 日	2017 年 5 月 1 日	ofo First
孝感市	2017 年 5 月 10 日	—	ofo Alone
忻州市	2017 年 7 月 10 日	—	ofo Alone
新乡市	—	2017 年 3 月 16 日	Mobike Alone
徐州市	—	2017 年 3 月 10 日	Mobike Alone
许昌市	2017 年 6 月 4 日	—	ofo Alone

城市	ofo 进驻日期	Mobike 进驻日期	分组
雅安市	—	2017 年 5 月 29 日	Mobike Alone
烟台市	2017 年 5 月 5 日	—	ofo Alone
延安市	2017 年 5 月 22 日	2017 年 8 月 16 日	ofo First
扬州市	2017 年 4 月 20 日	2017 年 3 月 9 日	Mobike First
宜宾市	—	2017 年 5 月 17 日	Mobike Alone
宜昌市	2017 年 4 月 9 日	2017 年 4 月 7 日	Mobike First
银川市	2017 年 4 月 25 日	2017 年 4 月 25 日	ofo First
榆林市	2017 年 5 月 23 日	2017 年 8 月 3 日	ofo First
玉溪市	—	2017 年 6 月 17 日	Mobike Alone
枣庄市	2017 年 6 月 29 日	2017 年 5 月 17 日	Mobike First
张家口市	—	2017 年 7 月 16 日	Mobike Alone
漳州市	2017 年 3 月 13 日	2017 年 3 月 9 日	Mobike First
长沙市	2016 年 8 月 26 日	2017 年 2 月 14 日	ofo First
镇江市	2017 年 4 月 28 日	—	ofo Alone
郑州市	2016 年 8 月 11 日	2017 年 3 月 6 日	ofo First
中山市	2017 年 4 月 7 日	2017 年 6 月 16 日	ofo First
珠海市	2016 年 10 月 20 日	2017 年 1 月 21 日	ofo First
株洲市	2017 年 4 月 24 日	—	ofo Alone
资阳市	2017 年 6 月 1 日	2017 年 5 月 23 日	Mobike First
淄博市	2017 年 4 月 3 日	—	ofo Alone
自贡市	—	2017 年 6 月 14 日	Mobike Alone
遵义市	2017 年 4 月 27 日	2017 年 5 月 21 日	ofo First

附录二 补充图表

本附录报告了本书第四章的若干补充结果。其中,表 B-1 和 B-2 分别考察了样本可比性、ofo 与 Mobike 同期进驻对估计结果的潜在影响,表 B-3 和 B-4 讨论了 IV 估计的稳健性,图 B-1 则报告了在考虑折旧的前提下关于成本凸性的支持性证据。

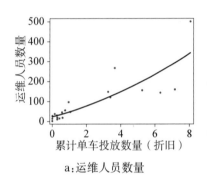

a:运维人员数量

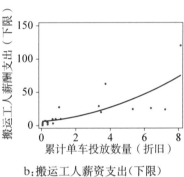

b:搬运工人薪资支出(下限)

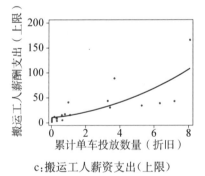

c:搬运工人薪资支出(上限)

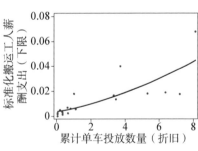

d:标准化搬运工人薪资支出(下限)

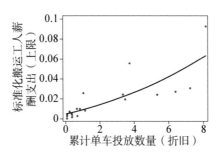

e：标准化搬运工人薪资支出（上限）

图 B‑1　关于成本凸性的稳健性检验

表 B‑1　关于样本构成的稳健性检验

	模型（1）	模型（2）	模型（3）	模型（4）
样本构成	去除 ofo Alone		加入 Mobike First	
估计模型	OLS	2SLS	OLS	2SLS
a：订单总量对数值				
Mobike 进驻	0.401**	0.473**	0.373*	0.428**
	(0.192)	(0.206)	(0.190)	(0.202)
聚类数	59	59	104	104
观测数	13 560	13 560	19 631	19 631
b：平均实付金额				
Mobike 进驻	0.044***	0.048***	0.039***	0.042***
	(0.013)	(0.014)	(0.011)	(0.012)
聚类数	59	59	104	104
观测数	13 560	13 560	19 631	19 631
c：免费订单占比				
Mobike 进驻	−3.245**	−3.510**	−3.600***	−3.804***
	(1.307)	(1.387)	(1.297)	(1.376)
聚类数	59	59	104	104
观测数	13 560	13 560	19 631	19 631

续　表

	模型(1)	模型(2)	模型(3)	模型(4)
d:车均订单对数值				
Mobike 进驻	0.397**	0.464**	0.357*	0.409**
	(0.193)	(0.206)	(0.190)	(0.202)
聚类数	58	58	101	101
观测数	13 507	13 507	19 208	19208
e:单车投放数量				
Mobike 进驻天数占比	51.669*	52.144*	40.842*	43.024*
	(30.894)	(30.413)	(21.713)	(22.030)
聚类数	58	58	101	101
观测数	515	515	754	754
是否仅在校园运营	控制	控制	控制	控制
气象条件	控制	控制	控制	控制
空气质量	控制	控制	控制	控制
城市固定效应	控制	控制	控制	控制
公历日期(月份)固定效应	控制	控制	控制	控制
相对日期(月份)固定效应	控制	控制	控制	控制
处置组时间趋势			控制	控制
城市特征×相对日期(月份)固定效应	控制	控制	控制	控制

注:由于模型(1)和(2)去除了对照组城市,仅保留处置组城市,因而无法控制"处置组时间趋势"。

表 B﹣2　关于 ofo 与 Mobike 进驻时间间隔的稳健性检验

因变量	订单数量对数值		平均实付金额		免费订单占比	
估计模型	OLS	2SLS	OLS	2SLS	OLS	2SLS
Mobike 进驻	0.493*	0.576*	0.046***	0.049***	−4.091*	−4.515**
	(0.274)	(0.290)	(0.017)	(0.018)	(2.059)	(2.178)
聚类数	53	53	53	53	53	53
观测数	11 851	11 851	11 851	11 851	11 851	11 851

续　表

因变量	车均订单对数值		单车投放数量		新增用户数对数值	
Mobike 进驻	0.510*	0.578*	170.860***	168.161***	0.712*	0.828**
	(0.274)	(0.289)	(56.824)	(56.356)	(0.374)	(0.394)
聚类数	51	51	51	51	53	53
观测数	11 481	11 481	445	445	11 851	11 851

因变量	活跃老用户占比		老用户人均订单		平均实付金额（新用户）	
Mobike 进驻	−3.011*	−3.339*	0.023	0.025	0.036***	0.036***
	(1.657)	(1.798)	(0.051)	(0.053)	(0.010)	(0.010)
聚类数	53	53	53	53	53	53
观测数	11 851	11 851	11 851	11 851	11 851	11 851

因变量	平均实付金额（老用户）		ofo 覆盖格点数对数值		订单分布基尼系数	
Mobike 进驻	0.037***	0.039***	0.236**	0.270**	−0.028***	−0.029***
	(0.013)	(0.014)	(0.114)	(0.118)	(0.010)	(0.010)
聚类数	53	53	53	53	53	53
观测数	11 851	11 851	11 851	11 851	11 851	11 851
基准模型设定	控制	控制	控制	控制	控制	控制

表 B-3　IV 稳健性检验:计量设定

分布函数＼起始日期	2015-12-01	2016-01-01	2016-02-01	2016-03-01	2016-04-01
a:订单数量对数值					
Weibull	0.484**	0.480**	0.487**	0.498**	0.505**
	(0.201)	(0.202)	(0.204)	(0.205)	(0.206)
Loglogistic	0.450**	0.456**	0.464**	0.469**	0.479**
	(0.198)	(0.199)	(0.200)	(0.201)	(0.205)
Lognormal	0.456**	0.459**	0.461**	0.469**	0.477**
	(0.199)	(0.201)	(0.202)	(0.204)	(0.207)

分布函数＼起始日期	2015-12-01	2016-01-01	2016-02-01	2016-03-01	2016-04-01
b：平均实付金额					
Weibull	0.045***	0.045***	0.046***	0.046***	0.046***
	(0.012)	(0.012)	(0.012)	(0.013)	(0.013)
Loglogistic	0.043***	0.044***	0.044***	0.045***	0.046***
	(0.012)	(0.012)	(0.012)	(0.012)	(0.013)
Lognormal	0.044***	0.043***	0.043***	0.043***	0.043***
	(0.012)	(0.012)	(0.012)	(0.013)	(0.013)
c：免费订单占比					
Weibull	−4.023***	−4.031***	−4.101***	−4.153***	−4.158***
	(1.502)	(1.508)	(1.522)	(1.534)	(1.537)
Loglogistic	−3.796**	−3.804**	−3.889**	−3.962**	−4.017**
	(1.496)	(1.506)	(1.508)	(1.519)	(1.542)
Lognormal	−3.872**	−3.832**	−3.804**	−3.851**	−3.837**
	(1.489)	(1.505)	(1.517)	(1.533)	(1.554)
d：车均订单对数值					
Weibull	0.461**	0.457**	0.463**	0.473**	0.480**
	(0.200)	(0.200)	(0.202)	(0.203)	(0.204)
Loglogistic	0.428**	0.434**	0.440**	0.445**	0.454**
	(0.196)	(0.198)	(0.198)	(0.200)	(0.202)
Lognormal	0.433**	0.436**	0.437**	0.444**	0.452**
	(0.198)	(0.200)	(0.200)	(0.202)	(0.205)
e：单车投放数量					
Weibull	52.342*	52.066*	51.285*	51.632*	51.866*
	(30.428)	(30.571)	(30.217)	(30.292)	(30.321)
Loglogistic	47.565	47.501	47.696	47.436	46.338
	(29.457)	(29.515)	(29.486)	(29.285)	(29.058)
Lognormal	48.052	47.765	46.609	47.315	46.894
	(29.610)	(29.754)	(29.490)	(29.435)	(29.289)

表 B-4 IV 稳健性检验:潜在需求侧冲击与 IV 外生性

	模型(1)	模型(2)	模型(3)	模型(4)
样本构成	ofo Alone 城市与人口规模在中位数以上的 ofo First 城市		ofo Alone 城市与人口规模在中位数以下的 ofo First 城市	
估计模型	OLS	2SLS	OLS	2SLS
a:订单数量对数值				
Mobike 进驻	0.016	0.018	0.627*	0.764**
	(0.154)	(0.164)	(0.365)	(0.378)
聚类数	54	54	51	51
观测数	10 159	10 159	8 567	8 567
b:平均实付金额				
Mobike 进驻	0.027**	0.026**	0.053**	0.061***
	(0.010)	(0.011)	(0.020)	(0.021)
聚类数	54	54	51	51
观测数	10 159	10 159	8 567	8 567
c:免费订单占比				
Mobike 进驻	−1.913	−1.945	−4.813*	−5.391*
	(1.405)	(1.489)	(2.721)	(2.888)
聚类数	54	54	51	51
观测数	10 159	10 159	8 567	8 567
d:车均订单对数值				
Mobike 进驻	0.004	−0.001	0.544	0.682*
	(0.159)	(0.167)	(0.388)	(0.402)
聚类数	51	51	49	49
观测数	9 736	9 736	8 197	8 197
e:单车投放数量				
Mobike 进驻	82.709*	81.497*	45.397**	45.868**
	(43.572)	(42.634)	(19.021)	(18.371)
聚类数	51	51	49	49
观测数	382	382	331	331
基准模型设定	控制	控制	控制	控制

附录三　理论模型推导及拓展

一、均衡分析

在本附录中,投资成本设定为 $\psi(v) = \dfrac{1}{\gamma}\phi v^{\gamma}$。本书第四章第六节的理论模型实际为 $\phi = 1$ 且 $\gamma = 2$ 时的特殊情形。

在单一垄断市场中,可利用逆向归纳法(backward induction)以求解子博弈精练均衡。给定 p 和 v,当满足如下条件时,消费者将选择使用共享单车:

$$q^*(1-p) \geqslant 1-c$$

该条件等价于:

$$c \geqslant 1 - q^*(1-p)$$

其中 q^* 代表均衡状态时消费者找到单车的概率。因此,给定关于 c 的分布函数的假设,进行搜寻的消费者数量为 $u = [q^*(1-p)]^{\theta}$。这与 $q = m(u, v)/u = Av^{\alpha}u^{\beta-1}$ 共同决定 q^* 为:

$$q^* = Av^{\alpha}\{[q^*(1-p)]^{\theta}\}^{\beta-1}$$

由此可得:

$$q^* = A^{\frac{1}{1+\theta(1-\beta)}} v^{\frac{\alpha}{1+\theta(1-\beta)}} (1-p)^{\frac{\theta(\beta-1)}{1+\theta(1-\beta)}}$$

在单一垄断市场中,企业决定价格和单车投放数量时,希望最大化如下的目标函数:

$$Av^{\alpha}[q^*(1-p)]^{\theta\beta}p - \psi(v)$$

其中,$Av^{\alpha}[q^*(1-p)]^{\theta\beta}$ 代表匹配成功的数量,p 则为单一垄断企业从每次成功匹配中获取的收益。将 q^* 的表达式代入上述最大化问题可得:

$$A^{\frac{1+\theta}{1+\theta(1-\beta)}} v^{\frac{\alpha(1+\theta)}{1+\theta(1-\beta)}} (1-p)^{\frac{\theta\beta}{1+\theta(1-\beta)}} p - \psi(v)$$

由此可知：一方面，提升单车投放数量可以提升匹配成功的数量，进而提升总收益，但成本也相应增加；另一方面，收取更高价格可以提升每次成功匹配的收益，但因为使用共享单车的消费者人数减少，匹配成功的数量会相应降低。单一垄断企业基于这一权衡问题而决定单车投放数量和价格。v^m 和 p^m 可由一阶条件求解得出。首先，单一垄断市场中的定价由如下方程决定：

$$\frac{\theta\beta}{1+\theta(1-\beta)} p^m = 1 - p^m$$

由此可得：

$$p^m = \frac{1+\theta(1-\beta)}{1+\theta} < 1$$

其次，当 $\dfrac{\alpha(1+\theta)}{1+\theta(1-\beta)} < \gamma$ 时，该优化问题对 v 是凹的，因此单一垄断企业的单车投放数量 v^m 满足：

$$\zeta A^{\frac{1+\theta}{1+\theta(1-\beta)}} v^{\zeta-1} (1-p^m)^{\frac{\theta\beta}{1+\theta(1-\beta)}} p^m = \phi v^{\gamma-1}$$

由此可得：

$$v^m = \left[\zeta \frac{A^{\frac{1+\theta}{1+\theta(1-\beta)}} (1-p^m)^{\frac{\theta\beta}{1+\theta(1-\beta)}} p^m}{\phi} \right]^{\frac{1}{\gamma-\zeta}}$$

此外，$q^* \leqslant 1$ 要求 $A^{\frac{\gamma}{(\gamma-\zeta)[1+\theta(1-\beta)]}} \left[\dfrac{\zeta(1-p^m)^{\frac{\theta\beta}{1+\theta(1-\beta)}} p^m}{\phi} \right]^{\frac{\alpha}{(\gamma-\zeta)[1+\theta(1-\beta)]}} (1-p^m)^{\frac{\theta(\beta-1)}{1+\theta(1-\beta)}}$

$\leqslant 1$。而当 A 足够小时，该条件方可成立。

上述结果可总结为如下引理：

引理 C1 假设 $\dfrac{\alpha(1+\theta)}{1+\theta(1+\beta)} < \gamma$ 且 A 足够小，则单一垄断市场中存在唯一

的子博弈精练均衡。该均衡下的定价为：

$$p^m = \frac{1+\theta(1-\beta)}{1+\theta} \tag{C-1}$$

单车投放数量为：

$$v^m = \left[\zeta \frac{A^{\frac{1+\theta}{1+\theta(1-\beta)}}(1-p^m)^{\frac{\theta\beta}{1+\theta(1-\beta)}}p^m}{\phi}\right]^{\frac{1}{\gamma-\zeta}} \tag{C-2}$$

在双寡头垄断市场中，依然要首先求解消费者是否使用共享单车的决策问题。以 q_1^* 表示均衡状态时消费者找到企业 1 的单车的概率，q_2^* 则表示均衡状态时消费者找到企业 2 的单车的概率。给定两家企业的单车投放数量 v_1 和 v_2，上述两项概率可分别表示为 $q_1 = A(v_1+v_2)^a u^{\beta-1}\frac{v_1}{v_1+v_2}$ 和 $q_2 = A(v_1+v_2)^a u^{\beta-1}\frac{v_2}{v_1+v_2}$。当满足如下条件时，消费者将选择使用共享单车：

$$q_1^*(1-p_1)+q_2^*(1-p_2) \geqslant 1-c$$

该条件等价于：

$$c \geqslant 1-q_1^*(1-p_1)-q_2^*(1-p_2)$$

与单一垄断情形下采用的方法类似，均衡状态时消费者找到两家企业单车的概率可通过如下方程求解：

$$q_1^* = A(v_1+v_2)^a[q_1^*(1-p_1)+q_2^*(1-p_2)]^{\theta(\beta-1)}\frac{v_1}{v_1+v_2}$$

和

$$q_2^* = A(v_1+v_2)^a[q_1^*(1-p_1)+q_2^*(1-p_2)]^{\theta(\beta-1)}\frac{v_2}{v_1+v_2}$$

企业 1 的利润可由此重写为：

$$A(v_1 + v_2)^a \frac{v_1}{v_1 + v_2} [q_1^*(1 - p_1) + q_2^*(1 - p_2)]^{\theta(\beta - 1)} p_1 - \psi(v_1)$$

与单一垄断情形下的企业利润 $Av^a[q^*(1 - p)]^{\theta\beta} p - \psi(v)$ 相比,此处有两重相反的效应。其一是市场争夺效应:对任意 $v_2 > 0$,均有 $(v_1 + v_2)^a$ $\frac{v_1}{v_1 + v_2} < v_1^a$。原因在于,给定任意单车投放数量 v_1,企业 2 的进驻都会抢夺若干消费者,进而降低企业 1 单车的成功匹配次数。其二是市场扩张效应,对应利润函数中的 $q_1^*(1 - p_1) + q_2^*(1 - p_2)$:企业 2 的进驻可以吸引更多消费者进入共享单车市场,进而提升企业 1 单车的匹配成功次数。

求解 q_1^* 和 q_2^*(作为 v_1,v_2,p_1,p_2 的函数)并将其代入企业的利润函数可得:

$$\pi_1 = A^{\frac{1+\theta}{1+\theta(1-\beta)}} v_1^{\frac{1+\theta}{1+\theta(1-\beta)}} (v_1 + v_2)^{-\frac{(1+\theta)(1-a)}{1+\theta(1-\beta)}} \left[(1 - p_1) + \frac{v_2}{v_1}(1 - p_2)\right]^{\frac{\theta\beta}{1+\theta(1-\beta)}} p_1 - \psi(v_1)$$

和

$$\pi_2 = A^{\frac{1+\theta}{1+\theta(1-\beta)}} v_2^{\frac{1+\theta}{1+\theta(1-\beta)}} (v_1 + v_2)^{-\frac{(1+\theta)(1-a)}{1+\theta(1-\beta)}} \left[(1 - p_2) + \frac{v_1}{v_2}(1 - p_1)\right]^{\frac{\theta\beta}{1+\theta(1-\beta)}} p_2 - \psi(v_2)$$

企业 1 和企业 2 同时选择 (v_1^d, p_1^d) 和 (v_2^d, p_2^d) 以最大化利润。为求解对称均衡 $v_1^d = v_2^d$ 和 $p_1^d = p_2^d$,首先求解关于 p_1 的一阶条件:

$$\frac{\theta\beta}{1+\theta(1-\beta)} p_1 = (1 - p_1) + \frac{v_2}{v_1}(1 - p_2)$$

在对称均衡下易得:

$$p_1^d = p_2^d = p^d = \frac{2}{2 + \dfrac{\theta\beta}{1+\theta(1-\beta)}}$$

其次考虑关于 v_1 的一阶条件。将 p_1^d 和 p_2^d 代入一阶条件,在对称均衡下可得 $v_1^d = v_2^d = v^d$。v^d 满足如下条件:

$$\frac{1}{2} A^{\frac{1+\theta}{1+\theta(1-\beta)}} \omega(1+\zeta) = \phi v^{\gamma-\zeta}$$

其中 $\omega = 2^{\frac{\theta\beta-(1+\theta)(1-\alpha)}{1+\theta(1-\beta)}} (1-p^d)^{\frac{\theta\beta}{1+\theta(1-\beta)}} p^d$。

与单一垄断市场类似,此时依然需要 A 足够小以保证 q_1^* 和 q_2^* 小于1。上述结果可总结为如下引理。

引理 C2 假设 $\frac{\alpha(1+\theta)}{1+\theta(1+\beta)} < \gamma$ 且 A 足够小,则双寡头垄断市场中存在唯一的对称子博弈精炼均衡。该均衡下两家企业的定价为:

$$p^d = \frac{2}{2 + \frac{\theta\beta}{1+\theta(1-\beta)}} \tag{C-3}$$

单车投放数量为:

$$v^d = \left[\frac{1}{2} \frac{A^{\frac{1+\theta}{1+\theta(1-\beta)}} \omega(1+\zeta)}{\phi} \right]^{\frac{1}{\gamma-\zeta}} \tag{C-4}$$

二、命题证明

命题 4-1 证明。根据方程(C-1)和(C-3)可得:

$$p^d = \frac{2}{2 + \frac{\theta\beta}{1+\theta(1-\beta)}} > p^m = \frac{1+\theta(1-\beta)}{1+\theta}$$

命题 4-2 证明。由方程(C-2)和(C-4)直接可得出方程(4-8):当 $\frac{1}{2}(1+\zeta)\omega > \zeta(1-p^m)^{\frac{\theta\beta}{1+\theta(1-\beta)}} p^m$ 成立时,可得 $v^d > v^m$,而这就意味着方程(4-8)成立。

根据单车使用效率的定义,可得 $r^m = \frac{A^{\frac{1+\theta}{1+\theta(1-\beta)}} (v^m)^{\frac{\alpha(1+\theta)}{1+\theta(1-\beta)}} (1-p^m)^{\frac{\theta\beta}{1+\theta(1-\beta)}}}{v^m}$。

由关于 v^m 的一阶条件可得 $\frac{\alpha(1+\theta)}{1+\theta(1-\beta)} r^m p^m = \phi(v^m)^{\gamma-1}$,这进一步意味着:

$$r^m = \frac{\phi (v^m)^{\gamma-1}}{\zeta p^m} \tag{C-5}$$

与之类似,还可推导出:

$$r^d = \frac{\phi (v^d)^{\gamma-1}}{\frac{1}{2}(1+\zeta)p^d} \tag{C-6}$$

由方程(C-5)和(C-6)可知,$r^d > r^m$ 需要下式成立:

$$\left(\frac{v^d}{v^m}\right)^{\gamma-1} > \Omega \triangleq \frac{\alpha(1+\theta)+(1+\theta)-\theta\beta}{\alpha[2(1+\theta)-\theta\beta]} \geqslant 1$$

仅当 $\alpha = 1$ 时上式可取等号。

由方程(C-2)和(C-4)可知 $\left(\frac{v^d}{v^m}\right)^{\gamma-1} = \left[2^{\frac{\theta\beta-(1+\theta)(1-\alpha)}{1+\theta(1-\beta)}}\left(\frac{1-p^d}{1-p^m}\right)^{\frac{\theta\beta}{1+\theta(1-\beta)}}\Omega^{\frac{\gamma-1}{\gamma}\frac{\alpha(1+\theta)}{1+\theta(1-\beta)}}\right]$。

因此,当且仅当 $\Gamma \triangleq \left[2^{\frac{\theta\beta-(1+\theta)(1-\alpha)}{1+\theta(1-\beta)}}\left(\frac{1-p^d}{1-p^m}\right)^{\frac{\theta\beta}{1+\theta(1-\beta)}}\right]^{\frac{\gamma-1}{\gamma-\zeta}} > \Omega^{1-\frac{\gamma-1}{\gamma-\zeta}}$ 时,可得 $r^d >$

r^m。需要注意的是,只要 $\theta\beta-(1+\theta)(1-\alpha) \leqslant 0$ 成立,则必有 $2^{\frac{\theta\beta-(1+\theta)(1-\alpha)}{1+\theta(1-\beta)}} \leqslant 1$ 和

$\zeta = 1+\frac{\theta\beta-(1+\theta)(1-\alpha)}{1+\theta(1-\beta)} \leqslant 1$。当 $\gamma > 1$ 时,易得如下两项结论:(1)由命题

4-1可知 $1-p^d < 1-p^m$,所以 $\Gamma < 1$;(2)因为 $\Omega \geqslant 1$ 且 $1-\frac{\gamma-1}{\gamma-\zeta}=\frac{1-\zeta}{\gamma-\zeta} \geqslant 0$,

所以 $\Omega^{1-\frac{\gamma-1}{\gamma-\zeta}} \geqslant 1$。综上可知,当 $\theta\beta-(1+\theta)(1-\alpha) \leqslant 0$ 时,可得 $\left(\frac{v^d}{v^m}\right)^{\gamma-1} < \Omega$,

这也就意味着 $r^d < r^m$。

命题4-3证明。在企业2进入市场之前,企业1的利润为:

$$\pi^m = r^m p^m v^m - \frac{\phi}{\gamma}(v^m)^\gamma = \left(\frac{\phi}{\zeta}-\frac{\phi}{\gamma}\right)(v^m)^\gamma$$

在企业2进入市场之后,企业1的利润为:

$$\pi^d = r^d p^d v^d - \frac{\phi}{\gamma}(v^d)^\gamma = \left(\frac{2\phi}{\zeta+1} - \frac{\phi}{\gamma}\right)(v^d)^\gamma$$

由命题 4-2 可知，$r^d > r^m$ 即意味着 $\theta\beta - (1+\theta)(1-\alpha) > 0$，此时也必有 $\zeta > 1$ 成立，所以 $\frac{2\phi}{\zeta+1} > \frac{\phi}{\gamma}$。因此，当 $v^d > v^m$ 时可得 $\pi^d > \pi^m$。

在企业 2 进入市场之前，企业 1 的单车使用效率为：

$$r^m = A(v^m)^{\alpha-1}(u^m)^\beta$$

在企业 2 进入市场之后，企业 1 的单车使用效率为：

$$r^d = A(2v^d)^{\alpha-1}(u^d)^\beta$$

由于 $r^d > r^m$ 且 $v^d > v^m$，此时必有 $u^d > u^m$。根据 u 的定义方式，可得 $(1-p^m)q^m < (1-p^d)(q_1^d+q_x^d)$。在企业 2 进入市场之前和之后，消费者的预期收益分别为 $\max\{1-c, (1-p^m)q^m\}$ 和 $\max\{1-c, (1-p^d)(q_1^d+q_2^d)\}$。因此，企业 2 进入市场也可提升消费者的预期收益。

三、模型拓展

本部分将从四个方面对本书第四章第六节构造的理论模型进行拓展。其中，拓展 C1 和 C2 分别将企业的市场份额和市场规模纳入企业目标函数，拓展 C3 将允许部分消费者单栖于某特定品牌的共享单车，拓展 C4 则会引入有别于基准模型的另一种匹配技术以考虑产品差异化问题。

拓展 C1。本项拓展主要考虑企业在利润之外对市场份额的关注。假设每家企业都希望最大化目标函数 $\pi + \kappa s$，其中 π 为利润，s 为市场份额，参数 $\kappa > 0$ 则代表市场份额在目标函数中的相对权重。

在单一垄断市场中，显然企业的市场份额始终都是 1。因此企业事实上依然在最大化其利润。由此可直接得出：

$$p^m = \frac{1+\theta(1-\beta)}{1+\theta}$$

和

$$v^m = \left[\frac{\alpha(1+\theta)}{1+\theta(1-\beta)} \frac{A^{\frac{1+\theta}{1+\theta(1-\beta)}}(1-p^m)^{\frac{\theta\beta}{1+\theta(1-\beta)}}p^m}{\phi} \right]^{\frac{1}{\gamma - \frac{\alpha(1+\theta)}{1+\theta(1-\beta)}}}$$

在双寡头垄断市场中,每家企业 i 都致力于最大化 $\pi + \kappa \dfrac{v_i}{v_i + v_{-i}}$。在求解对称均衡时,很容易求得此时的均衡价格与基准模型一致:

$$p_1^d = p_2^d = p^d = \frac{2}{2 + \dfrac{\theta\beta}{1+\theta(1-\beta)}}$$

但关于单车投放数量的均衡条件则变为:

$$A^{\frac{1+\theta}{1+\theta(1-\beta)}}\left\{ \frac{1+\theta}{1+\theta(1-\beta)} - \frac{(1+\theta)(1-\alpha)}{2[1+\theta(1-\beta)]} - \frac{\theta\beta}{2[1+\theta(1-\beta)]} \right\} \omega v^{\frac{\alpha(1+\theta)}{1+\theta(1-\beta)}} + \frac{1}{4}\kappa = \phi v^\gamma$$

其中 $\omega = 2^{\frac{\theta\beta - (1+\theta)(1-\alpha)}{1+\theta(1-\beta)}}(1-p^d)^{\frac{\theta\beta}{1+\theta(1-\beta)}}p^d$。由此可知,对于市场份额的竞逐会提升每家企业在双寡头垄断市场中投放单车的意愿。

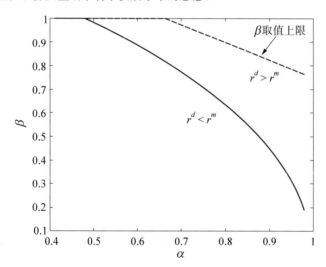

图 C-1 考虑市场份额时 r^d 和 r^m 的对比

注:本图刻画了当企业在利润之外还关注市场份额时,α 和 β 的取值如何影响 r^d 和 r^m 的相对关系。此处设定 $\theta = \gamma = 2$,$\kappa = 0.4$。

　　两种情形下均衡价格的对比与第四章第六节的基准模型完全相同：双寡头垄断市场中企业设定的价格一定高于单一垄断市场中企业设定的价格。但关于均衡状态时单车投放数量和单车使用效率的对比则更为复杂。基于数值案例（numerical example）的分析表明，双寡头垄断市场中的单车投放数量总是高于单一垄断市场，但需要 $z = \alpha + \beta$ 足够大才能保证双寡头垄断市场中的单车使用效率也更高（如图 C-1 所示）。简言之，如果企业在利润之外还关注市场份额，此时更容易解释竞争对手进入后单车投放数量的提升，但依然需要足够强的网络效应才能解释单车使用效率的提升。

　　拓展 C2。与拓展 C1 类似，本项拓展转为考虑企业在利润之外对市场规模的关注，参数 $\kappa > 0$ 代表市场规模在目标函数中的相对权重。在单一垄断市场中，市场规模为：

$$A^{\frac{1+\theta}{1+\theta(1-\beta)}} v^{\frac{\alpha(1+\theta)}{1+\theta(1-\beta)}} (1-p)^{\frac{\theta\beta}{1+\theta(1-\beta)}}$$

而在双寡头垄断市场中，企业 1 的市场规模为：

$$A^{\frac{1+\theta}{1+\theta(1-\beta)}} v_1^{\frac{1+\theta}{1+\theta(1-\beta)}} (v_1 + v_2)^{-\frac{(1+\theta)(1-\alpha)}{1+\theta(1-\beta)}} \left[(1-p_1) + \frac{v_2}{v_1}(1-p_2) \right]^{\frac{\theta\beta}{1+\theta(1-\beta)}}$$

　　与基准模型类似，此时可求解单一垄断市场中的唯一子博弈精练均衡和双寡头垄断市场中的唯一对称子博弈精练均衡。在单一垄断市场情形下，均衡价格满足：

$$p^m = \frac{1 - \dfrac{\theta\beta\kappa}{1+\theta(1-\beta)}}{1 + \dfrac{\theta\beta}{1+\theta(1-\beta)}}$$

该价格低于基准模型中单一垄断市场情形下的均衡价格。原因在于，企业在利润之外还额外关注市场规模，故而愿意降低价格以扩张市场规模。

　　均衡时的单车投放数量则调整为：

$$v^m = \left[\frac{\alpha(1+\theta)}{1+\theta(1-\beta)} \frac{A^{\frac{1+\theta}{1+\theta(1-\beta)}} (1-p^m)^{\frac{\theta\beta}{1+\theta(1-\beta)}} (p^m + \kappa)}{\phi} \right]^{\frac{1}{\gamma - \frac{\alpha(1+\theta)}{1+\theta(1-\beta)}}}$$

在双寡头垄断市场情形下,易得对称均衡时的价格和单车投放数量分别为:

$$p^d = \frac{2 - \dfrac{\theta\beta\kappa}{1+\theta(1-\beta)}}{2 + \dfrac{\theta\beta}{1+\theta(1-\beta)}}$$

和

$$v^d = A^{\frac{1+\theta}{1+\theta(1-\beta)}} \left\{ \frac{1+\theta}{1+\theta(1-\beta)} - \frac{(1+\theta)(1-\alpha)}{2[1+\theta(1-\beta)]} - \frac{\theta\beta}{2[1+\theta(1-\beta)]} \right\} \omega = \phi v^{\gamma - \frac{\alpha(1+\theta)}{1+\theta(1-\beta)}}$$

其中 $\omega = 2^{\frac{\theta\beta - (1+\theta)(1-\alpha)}{1+\theta(1-\beta)}} (1 - p^d)^{\frac{\theta\beta}{1+\theta(1-\beta)}} (p^d + \kappa)$。

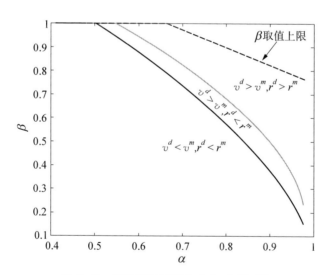

图 C-2　考虑市场规模时 r^d 和 r^m 的对比

注:本图刻画了当企业在利润之外还关注市场规模时,α 和 β 的取值如何影响 r^d 和 r^m 的相对关系。此处设定 $\theta = \gamma = 2$,$\kappa = 0.2$。

对比两种情形下的均衡结果可知,双寡头垄断市场中企业的定价依然更高。图 C‐2 利用数值案例对比了均衡状态时的单车投放数量和单车使用效率。如图所示,需要网络效应 $z = \alpha + \beta$ 足够大,才能保证双寡头垄断市场中的单车投放数量和单车使用效率均高于单一垄断市场。综上所述,即便企业在利润之外还关注市场规模,本书第四章第六节和第七节的理论洞见也依然成立。

拓展 C3。本项拓展主要讨论消费者多栖性问题,允许部分消费者单栖于某特定品牌的共享单车。假定有数量为 $\rho \leqslant \dfrac{1}{2}$ 的消费者仅考虑使用 ofo,数量为 ρ 的消费者仅考虑使用 Mobike,其余消费者则同时使用两种共享单车。这意味着在单一垄断市场中,ofo 的潜在用户数量为 $1 - \rho$。此时易得:

$$p^m = \frac{1 + \theta(1 - \beta)}{1 + \theta}$$

和

$$v^m = \left[\frac{\alpha(1+\theta)}{1+\theta(1-\beta)} \frac{A^{\frac{1+\theta}{1+\theta(1-\beta)}}(1-\rho)^{\frac{\beta}{1+\theta(1-\beta)}}(1-p^m)^{\frac{\theta\beta}{1+\theta(1-\beta)}}p^m}{\phi} \right]^{\frac{1}{r - \frac{\alpha(1+\theta)}{1+\theta(1-\beta)}}}$$

在双寡头垄断市场中,单栖消费者只有在 $c \geqslant 1 - q_i^*(1 - p_i)$ 时会选择使用共享单车,而多栖消费者行为则与基准模型相同,在 $c \geqslant 1 - q_1^*(1 - p_1) - q_2^*(1 - p_2)$ 时选择使用共享单车。由此可求解均衡时匹配成功的概率为:

$$q_1^* = A(v_1 + v_2)^\alpha (1 - \rho)^{\beta - 1} [q_1^*(1 - p_1) + q_2^*(1 - p_2)]^{\theta(\beta - 1)} \frac{v_1}{v_1 + v_2}$$

和

$$q_2^* = A(v_1 + v_2)^\alpha (1 - \rho)^{\beta - 1} [q_1^*(1 - p_1) + q_2^*(1 - p_2)]^{\theta(\beta - 1)} \frac{v_2}{v_1 + v_2}$$

求解 q_1^* 和 q_2^* 后,企业利润函数可写为:

$$\pi_1 = \Gamma v_1^{\frac{1+\theta}{1+\theta(1-\beta)}} \big[(1 - p_1) +$$

$$\frac{v_2}{v_1}(1-p_2)\Bigg]^{\frac{\theta\beta}{1+\theta(1-\beta)}}p_1\frac{(1-\rho)(1-p_1)+(1-2\rho)\frac{v_2}{v_1}(1-p_2)}{(1-\rho)\Big[(1-p_1)+\frac{v_2}{v_1}(1-p_2)\Big]}-\psi(v_1)$$

和

$$\pi_2=\Gamma v_2^{\frac{1+\theta}{1+\theta(1-\beta)}}\Big[(1-p_2)+$$

$$\frac{v_1}{v_2}(1-p_1)\Bigg]^{\frac{\theta\beta}{1+\theta(1-\beta)}}p_2\frac{(1-\rho)(1-p_2)+(1-2\rho)\frac{v_1}{v_2}(1-p_1)}{(1-\rho)\Big[(1-p_2)+\frac{v_1}{v_2}(1-p_1)\Big]}-\psi(v_2)$$

其中 $\Gamma=A^{\frac{1+\theta}{1+\theta(1-\beta)}}(1-\rho)^{\frac{\beta}{1+\theta(1-\beta)}}(v_1+v_2)^{-\frac{(1+\theta)(1-\alpha)}{1+\theta(1-\beta)}}$。

在企业 1 的利润函数中，$\dfrac{(1-\rho)(1-p_1)+(1-2\rho)\frac{v_2}{v_1}(1-p_2)}{(1-\rho)\Big[(1-p_1)+\frac{v_2}{v_1}(1-p_2)\Big]}$ 一项

表示如下的概率：某消费者成功找到企业 1 的单车，且该消费者并非单栖于企业 2，所以愿意使用企业 1 的单车。该项之所以存在，是因为部分消费者单栖于某一特定品牌，所以并非所有找到单车的消费者最终都会使用共享单车。对于单栖消费者而言，只有当所找到的单车属于其单栖的品牌时，该消费者才会愿意使用。与之类似，企业 2 的利润函数中也会有

$\dfrac{(1-\rho)(1-p_2)+(1-2\rho)\frac{v_1}{v_2}(1-p_1)}{(1-\rho)\Big[(1-p_2)+\frac{v_1}{v_2}(1-p_1)\Big]}$ 一项。如果没有这两项，单一垄断

市场和双寡头垄断市场的均衡对比就与基准模型完全相同。

求解双寡头垄断市场的对称均衡可得 $p_1^d=p_2^d=p^d=$

$\dfrac{2}{2+\dfrac{\theta\beta}{1+\theta(1-\beta)}+\dfrac{\rho}{2-3\rho}}$。将该结果与基准模型对比，很容易发现消费者单

栖性会降低均衡价格；ρ 取值越高，均衡价格越低。这是因为

$$\frac{(1-\rho)(1-p_1)+(1-2\rho)\dfrac{v_2}{v_1}(1-p_2)}{(1-\rho)\left[(1-p_1)+\dfrac{v_2}{v_1}(1-p_2)\right]}$$ 对 p_1 递减：企业 1 的价格越低，越能

够吸引单栖于该品牌的消费者，于是成功找到企业 1 的单车的消费者，最终愿意使用的概率也会更高。特别需要说明的是，如果 $\dfrac{2}{3+\dfrac{\theta\beta}{1+\theta(1-\beta)}}<p^m$，那

么随着 ρ 趋近于 $\dfrac{1}{2}$，双寡头垄断市场的均衡价格甚至可能低于单一垄断市场。

对称均衡下的单车投放数量 $v_1^d=v_2^d=v^d$ 满足如下条件：

$$A^{\frac{1+\theta}{1+\theta(1-\beta)}}\rho^{\frac{\beta}{1+\theta(1-\beta)}}\left\{\frac{(1+\theta)\alpha}{2\left[1+\theta(1-\beta)\right]}\frac{2-3\rho}{2(1-\rho)}+\frac{1}{2}\right\}\omega=\phi v^{r-\frac{\alpha(1+\theta)}{1+\theta(1-\beta)}}$$

其中 $\omega=2^{\frac{\theta\beta-(1+\theta)(1-\alpha)}{1+\theta(1-\beta)}}(1-p^d)^{\frac{\theta\beta}{1+\theta(1-\beta)}}p^d$。

图 C-3 描绘了 p^d-p^m 和 v^d-v^m 与单栖用户占比 ρ 之间的关系。从图中可以看出，当 ρ 趋近于 0 时，基准模型的结果 $p^d>p^m$ 和 $v^d>v^m$ 依然成立。然而，随着 ρ 逐渐增大，$p^d>p^m$ 和 $v^d>v^m$ 均会下降。当 ρ 接近 0.5 时，双寡头垄断市场的均衡价格甚至会低于单一垄断市场。总体而言，消费者单栖性可能会削弱甚至翻转第四章第六节的主要结果；但由于相关结果均随 ρ 的取值连续变动，所以只要 ρ 足够小，本书第四章理论模型的主要结果就依然成立。

拓展 C4。本项拓展考虑其他形式的匹配函数以刻画市场争夺效应。在单一垄断市场中，加总匹配函数与基准模型完全相同；在双寡头垄断市场中，企业 i 单车匹配成功的次数表示为 $M_i=A(v_i^a-\eta v_{-i}^a)u^\beta$ 而非 $A(v_1+v_2)^a u^\beta\dfrac{v_i}{v_1+v_2}$。

当 $\eta=0$ 时，两种匹配函数的差别在于：在新匹配技术之下，企业 i 每辆单车匹配成功的概率 $\dfrac{M_i}{v_i}$ 独立于竞争对手的单车投放数量（对任意 u 和 v_i 均成

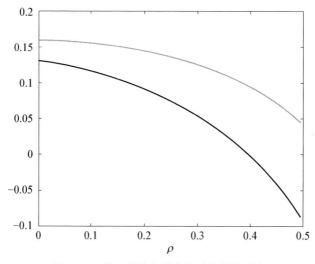

图 C‑3 关于价格和单车投放数量的对比

注:本图刻画了 $p^d - p^m$ 和 $v^d - v^m$ 如何随 ρ(单栖用户占比)的取值变化而变动。其中实线对应 $p^d - p^m$,虚线对应 $v^d - v^m$。此处设定 $\alpha = 0.6$,$\beta = 0.5$,$\theta = \gamma = 2$。

立);而在基准模型的匹配技术之下,竞争对手提升单车投放数量具有挤出效应(crowding-out effect),会降低企业 i 每辆单车匹配成功的概率。因此,当 $\eta = 0$ 时,竞争对手的进入不会带来市场争夺效应。

当 $\eta > 0$ 时,市场争夺效应会重新进入视野:竞争对手提升单车投放数量 v_{-i},企业 i 每辆单车匹配成功的概率会下降。[①] 这种新匹配技术可用于刻画企业的产品差异化:$\eta = 0$ 作为特例,代表企业的产品实现了充分差异化,完全不可比;随着 η 取值升高,企业产品的差异化逐渐缩小,每家企业也就可以从竞争对手处夺取更多用户。

显然,单一垄断市场的均衡与基准模型完全相同,此处仅需求解双寡头垄断市场的均衡。当 $c \geqslant 1 - q_1^* (1 - p_1) - q_2^* (1 - p_2)$ 时,消费者会选择使用共

---

① 此处也可假设 $M_i = A(v_i - \kappa v_{-i})^\alpha u^\beta$,结论并无变化。

享单车。其中：

$$q_1^* = A(v_1^a - \eta v_2^a)[q_1^*(1-p_1) + q_2^*(1-p_2)]^{\theta(\beta-1)}$$

$$q_2^* = A(v_2^a - \eta v_1^a)[q_1^*(1-p_1) + q_2^*(1-p_2)]^{\theta(\beta-1)}$$

求解 q_1^* 和 q_2^* 后，企业利润函数可写为：

$$\pi_1 = A^{\frac{1+\theta}{1+\theta(1-\beta)}}(v_1^a - \eta v_2^a)^{\frac{1+\theta}{1+\theta(1-\beta)}}\left[(1-p_1) + \frac{v_2^a - \eta v_1^a}{v_1^a - \eta v_2^a}(1-p_2)\right]^{\frac{\theta\beta}{1+\theta(1-\beta)}}p_1 - \psi(v_1)$$

和

$$\pi_2 = A^{\frac{1+\theta}{1+\theta(1-\beta)}}(v_2^a - \eta v_1^a)^{\frac{1+\theta}{1+\theta(1-\beta)}}\left[(1-p_2) + \frac{v_1^a - \eta v_2^a}{v_2^a - \eta v_1^a}(1-p_1)\right]^{\frac{\theta\beta}{1+\theta(1-\beta)}}p_2 - \psi(v_2)$$

首先考虑 $\eta = 0$ 的情形。给定假设 $\gamma > \dfrac{\alpha(1+\beta)}{1+\theta(1-\beta)}$，易得对称均衡时仍有：

$$p_1^d = p_2^d = p^d = \frac{2}{2 + \dfrac{\theta\beta}{1+\theta(1-\beta)}}$$

和 $v_1^d = v_2^d = v^d$ 且 v^d 满足如下条件：

$$A^{\frac{1+\theta}{1+\theta(1-\beta)}}\left[\frac{\alpha(1+\theta)}{1+\theta(1-\beta)} - \frac{\alpha\theta\beta}{2[1+\theta(1-\beta)]}\right]\omega = \phi v^{\gamma - \frac{\alpha(1+\theta)}{1+\theta(1-\beta)}}$$

其中 $\omega = 2^{\frac{\theta\beta}{1+\theta(1-\beta)}}(1-p^d)^{\frac{\theta\beta}{1+\theta(1-\beta)}}p^d$。

因为 v^m 满足 $A^{\frac{1+\theta}{1+\theta(1-\beta)}}\dfrac{\alpha(1+\theta)}{1+\theta(1-\beta)}(1-p^m)^{\frac{\theta\beta}{1+\theta(1-\beta)}}p^m = \phi v^{\gamma - \frac{\alpha(1+\theta)}{1+\theta(1-\beta)}}$，$v^d$ 和 v^m 的对比取决于 $\left\{\dfrac{\alpha(1+\theta)}{1+\theta(1-\beta)} - \dfrac{\alpha\theta\beta}{2[1+\theta(1-\beta)]}\right\}\omega$ 和 $\dfrac{\alpha(1+\theta)}{1+\theta(1-\beta)}$ $(1-p^m)^{\frac{\theta\beta}{1+\theta(1-\beta)}}p^m$ 的对比。二者的比值为 $\left[\dfrac{2(1+\theta)}{2(1+\theta)-\theta\beta}\right]^{\frac{\theta\beta}{1+\theta(1-\beta)}} > 1$。由此可知，只要 $\gamma > \dfrac{\alpha(1+\beta)}{1+\theta(1-\beta)}$，即可得 $v^d > v^m$。

均衡时的单车使用效率为 $r^m = \dfrac{\phi(v^m)^{\gamma-1}}{\dfrac{\alpha(1+\theta)}{1+\theta(1-\beta)}p^m}$ 和 $r^d =$

$$\dfrac{\phi(v^d)^{\gamma-1}}{\left\{\dfrac{\alpha(1+\theta)}{1+\theta(1-\beta)}-\dfrac{\alpha\theta\beta}{2[1+\theta(1-\beta)]}\right\}p^d}。\ \text{由于}\ \dfrac{\alpha(1+\theta)}{1+\theta(1-\beta)}p^m = \left\{\dfrac{\alpha(1+\theta)}{1+\theta(1-\beta)}-\right.$$

$\left.\dfrac{\alpha\theta\beta}{2[1+\theta(1-\beta)]}\right\}p^d = \alpha$，对任意 $\gamma > 1$，$v^d > v^m$ 即可保证 $r^d > r^m$。

综上所述：当 $\eta = 0$ 时，在新匹配技术之下，竞争对手的进入不会带来市场争夺效应。因此，竞争对手进入之后，无论参数 $(\alpha，\beta，\theta)$ 取值如何，在位企业都会选择更高定价、投放更多单车、获得更高单车使用效率。

其次考虑 $\eta > 0$ 的情形。市场争夺效应此时重新进入视野。采用与上文类似的方法，可以利用一阶条件求解对称均衡时的价格和单车投放数量。首先可知，双寡头垄断市场中的均衡价格独立于 η 取值，所以双寡头垄断情形下的定价必然高于单一垄断情形下的定价。对于单车投放数量和单车使用效率而言，因为单车使用效率更高是单车投放数量更高的充分条件，所以接下来只需分析双寡头垄断市场中的单车使用效率是否更高即可。如前所述，当 $\eta = 0$ 时，双寡头垄断市场的单车使用效率必然更高；由此可作出如下直观假设：对任意 $\gamma > 1$，都存在临界值 $\bar{\eta}(\gamma)$；只要市场争夺效应足够小（即 $\eta < \bar{\eta}(\gamma)$），双寡头垄断市场中的单车使用效率仍可高于单一垄断市场。

图 C-4 在 $\alpha = 0.6$、$\beta = 0.75$、$\theta = 1$ 的参数取值下，在 $(\eta，\gamma)$ 平面画出了 $\bar{\eta}(\gamma)$ 临界曲线。在该曲线以上，竞争对手进入会使在位企业选择更高定价、投放更多单车、获得更高单车使用效率。此外值得注意的是，随着产品差异化的程度 (η) 持续变化，关于成本凸性的要求也随之连续变化。随着 η 取值上升（即产品差异化程度下降），为保证拓展模型得出与基准模型一致的结果，成本函数凸性也需要相应提升。

图 C-5 进一步呈现了在 $\gamma = 1.05$、$\eta = 0.04$、$\theta = 1$ 时的数值案例。给定

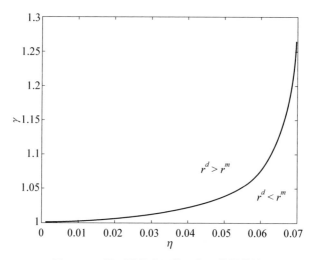

图 C-4　新匹配技术下的 $\bar{\eta}(\gamma)$ 临界曲线

注:本图刻画了新匹配函数下的 $\bar{\eta}(\gamma)$ 临界曲线。此处设定 $\alpha = 0.6$, $\beta = 0.75$, $\theta = 1$。

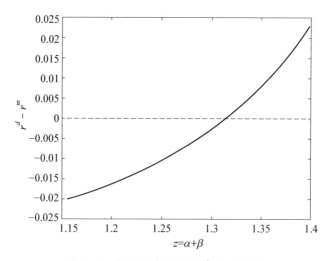

图 C-5　新匹配技术下的 r^d 和 r^m 对比

注:本图刻画了新匹配函数下 $z = \alpha + \beta$ 如何影响 r^d 和 r^m 的相对关系。此处设定 $\gamma = 1.05$, $\eta = 0.04$, $\theta = 1$。

$\gamma > \dfrac{\alpha(1+\beta)}{1+\theta(1-\beta)}$，该图呈现了不同$(\alpha, \beta)$取值下单车使用效率的对比。由图可知，只有在$z = \alpha + \beta$足够大的情况下，双寡头垄断市场中的单车使用效率才会高于单一垄断市场。这与基准模型的结论一致：给定市场争夺效应的存在，新进企业带来的市场扩张效应足够大时，才能保证单车使用效率的提升。

参考文献

［1］柏培文,张云.数字经济、人口红利下降与中低技能劳动者权益[J].经济研究, 2021,56(5):91-108.

［2］包群,邵敏,杨大利.环境管制抑制了污染排放吗?[J].经济研究,2013,48 (12):42-54.

［3］蔡跃洲,顾雨辰.平台经济的社会福利机制及其效果测算——来自外卖平台商户问卷调查的证据[J].经济研究,2023,58(5):98-115.

［4］曹雨阳,孔东民,陶云清.中国社会信用体系改革试点效果评估——基于企业社会责任的视角[J].财经研究,2022,48(2):93-108.

［5］陈诗一.中国的绿色工业革命:基于环境全要素生产率视角的解释(1980—2008)[J].经济研究,2010,45(11):21-34.

［6］陈硕,陈婷.空气质量与公共健康:以火电厂二氧化硫排放为例[J].经济研究, 2014,49(8):158-169.

［7］陈诗一,陈登科.能源结构、雾霾治理与可持续增长[J].环境经济研究,2016,1 (1):59-75.

［8］陈诗一,陈登科.雾霾污染、政府治理与经济高质量发展[J].经济研究,2018, 53(2):20-34.

［9］陈晓红,李杨扬,宋丽洁,汪阳洁.数字经济理论体系与研究展望[J].管理世界,2022,38(2):208-224.

［10］程华,武玙璠,李三希.数据交易与数据垄断:基于个性化定价视角[J].世界经济,2023,46(3):154-178.

［11］戴亦一,张鹏东,潘越.老赖越多,贷款越难?——来自地区诚信水平与上市公司银行借款的证据[J].金融研究,2019(8):77-95.

［12］樊筱筱.轻型车排放颗粒物数浓度、粒径分布和有效密度特征研究[D].北京: 清华大学,2016.

［13］樊筱筱,蒋靖坤,张强,李振华,何立强,吴烨,胡京南,郝吉明.轻型汽油车排放颗粒物数浓度和粒径分布特征[J].环境科学,2016,37(10):3743-3749.

［14］龚强,班铭媛,刘冲.数据交易之悖论与突破:不完全契约视角[J].经济研究, 2022,57(7):172-188.

［15］国务院.社会信用体系建设规划纲要(2014—2022年)[EB/OL].2014-06- 14[2024-01-10].https://www.gov.cn/gongbao/content/2014/content_ 2711418.htm.

［16］国务院."十四五"数字经济发展规划[EB/OL].2021-12-12[2024-01- 10].https://www.gov.cn/gongbao/content/2022/content_5671108.htm.

[17] 郭峰,石庆玲.官员更替、合谋震慑与空气质量的临时性改善[J].经济研究, 2017,52(7):155-168.

[18] 郭峰,熊云军,石庆玲,王靖一.数字经济与行政边界地区经济发展再考察——来自卫星灯光数据的证据[J].管理世界,2023,39(4):16-34.

[19] 黄少安.关于"数字化经济"的基本理论[J].经济学动态,2023(3):3-20.

[20] 黄卓,陶云清,王帅.社会信用环境改善降低了企业违规吗?——来自"中国社会信用体系建设"的证据[J].金融研究,2023(5):96-114.

[21] 何立峰.关于数字经济发展情况的报告[Z].2022-01-28[2023-10-19]. https://www.gov.cn/xinwen/2022-11/28/content_5729249.htm.

[22] 胡滨.金融科技、监管沙盒与体制创新:不完全契约视角[J].经济研究,2022, 57(6):137-153.

[23] 寇宗来,刘雅婧.数字经济下的监管挑战[J].财经问题研究,2019(3):10-13.

[24] 李金珂,曹静.集中供暖对中国空气污染影响的实证研究[J].经济学报,2017, 4(4):138-150.

[25] 李树,陈刚.环境管制与生产率增长——以APPCL2000的修订为例[J].经济研究,2013,48(1):17-31.

[26] 李兵,郭冬梅,刘思勤.城市规模、人口结构与不可贸易品多样性——基于"大众点评网"的大数据分析[J].经济研究,2019,54(1):150-164.

[27] 梁若冰,席鹏辉.轨道交通对空气污染的异质性影响——基于RDID方法的经验研究[J].中国工业经济,2016(3):83-98.

[28] 刘诚,王世冬,叶光亮.平台接入、线上声誉与市场竞争格局[J].经济研究, 2023,58(3):191-208.

[29] 刘奕,夏杰长.共享经济理论与政策研究动态[J].经济学动态,2016(4):116-125.

[30] 马光荣,赵耀红.行政区划壁垒、边界地区公共品提供与经济发展[J].金融研究,2022(8):55-73.

[31] 潘功胜.中国需要建立发达的征信市场[N].人民日报,2014-10-13(18).

[32] 戚聿东,刘翠花,丁述磊.数字经济发展、就业结构优化与就业质量提升[J].经济学动态,2020(11):17-35.

[33] 邵帅,李欣,曹建华,杨莉莉.中国雾霾污染治理的经济政策选择——基于空间溢出效应的视角[J].经济研究,2016,51(9):73-88.

[34] 石庆玲,陈诗一,郭峰.环保部约谈与环境治理:以空气污染为例[J].统计研究,2017,34(10):88-97.

[35] 石庆玲,郭峰,陈诗一.雾霾治理中的"政治性蓝天"——来自中国地方"两会"的证据[J].中国工业经济,2016(5):40-56.

[36] 唐方成,靳晓曼,顾世玲.评价者分类视角下商业模式创新的合法化机制——以网约车的类别涌现为例[J].管理世界,2023,39(8):114-132.

[37] 田鸽,张勋.数字经济、非农就业与社会分工[J].管理世界,2022,38(5):72-84.

[38] 王兵,吴延瑞,颜鹏飞.环境管制与全要素生产率增长:APEC的实证研究[J].经济研究,2008,43(5):19-32.

[39] 谢丹夏,魏文石,李尧,朱晓武.数据要素配置、信贷市场竞争与福利分析[J].中国工业经济,2022(8):25-43.

[40] 熊巧琴,汤珂.数据要素的界权、交易和定价研究进展[J].经济学动态,2021(2):143-158.

[41] 徐翔,厉克奥博,田晓轩.数据生产要素研究进展[J].经济学动态,2021(4):142-158.

[42] 许宪春,张美慧.中国数字经济规模测算研究——基于国际比较的视角[J].中国工业经济,2020(5):23-41.

[43] 余建宇,许晓言,李晨茜.量变成就质变?——电商平台打假的经济逻辑及影响因素研究[J].经济学(季刊),2022,22(5):1739-1758.

[44] 张文魁.数字经济的内生特性与产业组织[J].管理世界,2022,38(7):79-90.

[45] 张勋,万广华,张佳佳,何宗樾.数字经济、普惠金融与包容性增长[J].经济研究,2019,54(8):71-86.

[46] 赵传羽,丁预立,刘中全.网络外部性与基于购买行为的价格歧视:"杀熟"的经济学分析[J].世界经济,2023,46(6):210-236.

[47] 赵涛,张智,梁上坤.数字经济、创业活跃度与高质量发展——来自中国城市的经验证据[J].管理世界,2020,36(10):65-76.

[48] 周黎安,陶婧.官员晋升竞争与边界效应:以省区交界地带的经济发展为例[J].金融研究,2011(3):15-26.

[49] 周黎安,王辉,唐遥,刘冲,曹光宇,刘晨冉,张凯,诸宇灵.完善要素市场化配置的实施路径研究[C]//何立峰."十四五"规划战略研究.北京:人民出版社,2021:739-750.

[50] ABIS S, VELDKAMP L. The changing economics of knowledge production [J]. Review of Financial Studies, 2024, 37(1): 89-118.

[51] AGRAWAL D, SHYBALKINA I. Online shopping can redistribute local tax revenue from urban to rural America [J]. Journal of Public Economics, 2023, 219: 104818.

[52] AGUIAR L, WALDFOGEL J. Platforms, power, and promotion: evidence from Spotify playlists [J]. Journal of Industrial Economics, 2021, 69(3): 653-691.

[53] ALESINA A, MICHALOPOULOS S, PAPAIOANNOU E. Ethnic inequality [J]. Journal of Political Economy, 2016, 124(2): 428-488.

[54] ALI S N, LEWIS G, VASSERMAN S. Consumer control and privacy policies [J]. AEA Papers and Proceedings, 2023, 113: 204-209.

[55] ALVAREZ F, ARGENTE D. On the effects of the availability of means of payments: the case of Uber [J]. Quarterly Journal of Economics, 2022, 137(3): 1737-1789.

[56] ANGELUCCI C, CAGÉ J. Newspapers in times of low advertising revenues [J]. American Economic Journal: Microeconomics, 2019, 11(3): 319-364.

[57] ARGYLE B, NADAULD T, PALMER C. Real effects of search frictions in consumer credit markets [J]. Review of Financial Studies, 2023, 36(7): 2685-2720.

[58] ARMSTRONG M. Competition in two-sided markets [J]. RAND Journal of Economics, 2006, 37(3): 668 - 691.

[59] ATHEY S, CATALINI C, TUCKER C. The digital privacy paradox: small money, small costs, small talk [Z]. National Bureau of Economic Research Working Paper, 2017: w23488.

[60] AUTOR D H. Outsourcing at will: the contribution of unjust dismissal doctrine to the growth of employment outsourcing [J]. Journal of Labor Economics, 2003, 21(1): 1 - 42.

[61] AZEVEDO E, DENG A, MONTIEL OLEA J L, RAO J, WEYL E G. A/B testing with fat tails [J]. Journal of Political Economy, 2020, 128 (12): 4614 - 4672.

[62] BAJARI P, CHERNOZHUKOV V, HORTAÇSU A, SUZUKI J. The impact of big data on firm performance: an empirical investigation [J]. AEA Papers and Proceedings, 2019, 109: 33 - 37.

[63] BALL I. Dynamic information provision: rewarding the past and guiding the future [J]. Econometrica, 2023, 91(4): 1363 - 1391.

[64] BAR-GILL S, BRYNJOLFSSON E, HAK N. Helping small businesses become more data-driven: a field experiment on eBay [J]. Management Science, 2024.

[65] BARRECA A I, GULDI M, LINDO J M, WADDELL G R. Saving babies? Revisiting the effect of very low birth weight classification [J]. Quarterly Journal of Economics, 2011, 126(4): 2117 - 2123.

[66] BARTOV E, FAUREL L, MOHANRAM P. The role of social media in the corporate bond market: evidence from Twitter [J]. Management Science, 2023, 69(9): 5638 - 5667.

[67] BEGENAU J, FARBOODI M, VELDKAMP L. Big data in finance and the growth of large firms [J]. Journal of Monetary Economics, 2018, 97: 71 - 87.

[68] BELK R. You are what you can access: sharing and collaborative consumption online [J]. Journal of Business Research, 2014, 67(8): 1595 - 1600.

[69] BELLEFLAMME P, PEITZ M. Platform competition: who benefits from multihoming? [J]. International Journal of Industrial Organization, 2019, 64: 1 - 26.

[70] BERAJA M, KAO A, YANG D, YUCHTMAN N. AI-tocracy [J]. Quarterly Journal of Economics, 2023a, 138(3): 1349 - 1402.

[71] BERAJA M, KAO A, YANG D, YUCHTMAN N. Exporting the surveillance state via trade in AI [Z]. National Bureau of Economic Research Working Paper, 2023b: w31676.

[72] BERAJA M, YANG D, YUCHTMAN N. Data-intensive innovation and the State: evidence from AI firms in China [J]. Review of Economic Studies, 2023c, 90(4): 1701 - 1723.

[73] BERGER T, CHEN C, FREY C B. Drivers of disruption? Estimating the

Uber effect [J]. European Economic Review, 2018, 110: 197 - 210.

[74] BERRY S, EIZENBERG A, WALDFOGEL J. Optimal product variety in radio markets [J]. RAND Journal of Economics, 2016, 47(3): 463 - 497.

[75] BLEAKLEY H, LIN J. Thick-market effects and churning in the labor market: evidence from US cities [J]. Journal of Urban Economics, 2012, 72 (2 - 3): 87 - 103.

[76] BRANCACCIO G, KALOUPTSIDI M, PAPAGEORGIOU T. Geography, transportation, and endogenous trade costs [J]. Econometrica, 2020a, 88 (2): 657 - 691.

[77] BRANCACCIO G, KALOUPTSIDI M, PAPAGEORGIOU T. A guide to estimating matching functions in spatial models [J]. International Journal of Industrial Organization, 2020b, 70: 102533.

[78] BRYAN K A, GANS J S. A theory of multihoming in rideshare competition [J]. Journal of Economics & Management Strategy, 2019, 28(1): 89 - 96.

[79] BUCHHOLZ N. Spatial equilibrium, search frictions, and dynamic efficiency in the taxi industry [J]. Review of Economic Studies, 2022, 89 (2): 556 - 591.

[80] CACHON G P, TERWIESCH C, XU Y. On the effects of consumer search and firm entry in a multiproduct competitive market [J]. Marketing Science, 2008, 27(3): 461 - 473.

[81] CAI H, JIN G Z, LIU C, ZHOU L A. Seller reputation: from word-of-mouth to centralized feedback [J]. International Journal of Industrial Organization, 2014, 34: 51 - 65.

[82] CALONICO S, CATTANEO M D, TITIUNIK R. Robust nonparametric confidence intervals for regression-discontinuity designs [J]. Econometrica, 2014, 82(6): 2295 - 2326.

[83] CAO G, DAI W, MENG J, QIU X. Consumer dishonesty in sharing economy: evidence from the bike-sharing industry [Z]. Working Paper, 2024.

[84] CASTILLO J C, MATHUR S. Matching and network effects in ride-hailing [J]. AEA Papers and Proceedings, 2023, 113: 244 - 247.

[85] CHANG T Y, GRAFF ZIVIN J, GROSS T, NEIDELL M. The effect of pollution on worker productivity: evidence from call center workers in China [J]. American Economic Journal: Applied Economics, 2019, 11(1): 151 - 172.

[86] CHATTERJEE S, CORBAE D, DEMPSEY K, RÍOS-RULL JV. A quantitative theory of the credit score [J]. Econometrica, 2023, 91(5): 1803 - 1840.

[87] CHAY K Y, MCEWAN P J, URQUIOLA M. The central role of noise in evaluating interventions that use test scores to rank schools [J]. American Economic Review, 2005, 95(4): 1237 - 1258.

[88] CHEN Y, EBENSTEIN A, GREENSTONE M, LI H. Evidence on the

impact of sustained exposure to air pollution on life expectancy from China's Huai River policy [J]. Proceedings of the National Academy of Sciences, 2013, 110(32): 12936 - 12941.

[89] CHEN L, HUANG Y, OUYANG S, XIONG W. The data privacy paradox and digital demand [Z]. National Bureau of Economic Research Working Paper, 2021: w28854.

[90] CHEN YJ, LI P, LU Y. Career concerns and multitasking local bureaucrats: evidence of a target-based performance evaluation system in China [J]. Journal of Development Economics, 2018, 133: 84 - 101.

[91] CHEN Y, RIORDAN M H. Price-increasing competition [J]. RAND Journal of Economics, 2008, 39(4): 1042 - 1058.

[92] CHEN T, YUAN Z. Information design in the online platform: evidence from lipstick sellers [Z]. Working Paper, 2023.

[93] CHOE C, KING S, MATSUSHIMA N. Pricing with cookies: behavior-based price discrimination and spatial competition [J]. Management Science, 2018, 64(12): 5669 - 5687.

[94] CHU J, DUAN Y, YANG X, WANG L. The last mile matters: impact of dockless bike sharing on subway housing price premium [J]. Management Science, 2021, 67(1): 297 - 316.

[95] CONDORELLI D, PADILLA J. Data-driven envelopment with privacy-policy tying [J]. Economic Journal, 2024, 134(658): 515 - 537.

[96] COUTURE V, FABER B, GU Y, LIU L. Connecting the countryside via e-commerce: evidence from China [J]. American Economic Review: Insights, 2021, 3(1): 35 - 50.

[97] CRAMER J, KRUEGER A B. Disruptive change in the taxi business: the case of Uber [J]. American Economic Review, 2016, 106(5): 177 - 182.

[98] DEMAIO P J. Smart bikes: public transportation for the 21st century [J]. Transportation Quarterly, 2003, 57(1): 9 - 11.

[99] DEMAIO P J. Bike-sharing: history, impacts, models of provision, and future [J]. Journal of Public Transportation, 2009, 12(4): 41 - 56.

[100] DEMAIO P, GIFFORD J. Will smart bikes succeed as public transportation in the United States? [J]. Journal of Public Transportation, 2004, 7(2): 1 - 15.

[101] DOGANOGLU T, WRIGHT J. Multihoming and compatibility [J]. International Journal of Industrial Organization, 2006, 24(1): 45 - 67.

[102] DOSIS A, SAND-ZANTMAN W. The ownership of data [J]. Journal of Law, Economics, and Organization, 2023, 39(3): 615 - 641.

[103] DU N, LI L, LU T, LU X. Prosocial compliance in P2P lending: a natural field experiment [J]. Management Science, 2020, 66(1): 315 - 333.

[104] DUFLO E. Schooling and labor market consequences of school construction in Indonesia: evidence from an unusual policy experiment [J]. American Economic Review, 2001, 91(4): 795 - 813.

[105] EATON B C, LIPSEY R G. The introduction of space into the neoclassical model of value theory [C]// ARTIS M J, NOBAY A R. Studies in Modern Economies. Oxford: Basil Blackwell, 1977: 59 - 96.

[106] EBENSTEIN A, FAN M, GREENSTONE M, HE G, ZHOU M. New evidence on the impact of sustained exposure to air pollution on life expectancy from China's Huai River policy [J]. Proceedings of the National Academy of Sciences, 2017, 114(39): 10384 - 10389.

[107] EDELMAN B, LUCA M, SVIRSKY D. Racial discrimination in the sharing economy: evidence from a field experiment [J]. American Economic Journal: Applied Economics, 2017, 9(2): 1 - 22.

[108] ELLISON G, GLAESER E L, KERR W R. What causes industry agglomeration? Evidence from coagglomeration patterns [J]. American Economic Review, 2010, 100(3): 1195 - 1213.

[109] FAN J, TANG L, ZHU W, ZOU B. The Alibaba effect: spatial consumption inequality and the welfare gains from e-commerce [J]. Journal of International Economics, 2018, 114: 203 - 220.

[110] FARBOODI M, MIHET R, PHILIPPON T, VELDKAMP L. Big data and firm dynamics [J]. AEA Papers and Proceedings, 2019, 109: 38 - 42.

[111] FARBOODI M, VELDKAMP L. A model of the data economy [Z]. National Bureau of Economic Research Working Paper, 2021: w28427.

[112] FARBOODI M, VELDKAMP L. Data and markets [J]. Annual Review of Economics, 2023, 15: 23 - 40.

[113] FARRELL J, KLEMPERER P. Coordination and lock-in: competition with switching costs and network effects [C]//ARMSTRONG M, PORTER R H. Handbook of Industrial Organization 3. Oxford: Elsevier, 2007: 1967 - 2072.

[114] FARRELL J, SALONER G. Installed base and compatibility: innovation, product preannouncements, and predation [J]. American Economic Review, 1986, 76(5): 940 - 955.

[115] FILIPPAS A, HORTON J J, ZECKHAUSER R J. Owning, using, and renting: some simple economics of the "sharing economy" [J]. Management Science, 2020, 66(9): 4152 - 4172.

[116] FRÉCHETTE G R, LIZZERI A, SALZ T. Frictions in a competitive, regulated market: evidence from taxis [J]. American Economic Review, 2019, 109(8): 2954 - 2992.

[117] FU S, GU Y. Highway toll and air pollution: evidence from Chinese cities [J]. Journal of Environmental Economics and Management, 2017, 83: 32 - 49.

[118] FU C, MA S, ZHU N, HE Q C, YANG H. Bike-sharing inventory management for market expansion [J]. Transportation Research Part B: Methodological, 2022, 162: 28 - 54.

[119] GALPERTI S, LEVKUN A, PEREGO J. The value of data records [J].

Review of Economic Studies, 2024, 91(2): 1007-1038.

[120] GAN L, ZHANG Q. The thick market effect on local unemployment rate fluctuations [J]. Journal of Econometrics, 2006, 133(1): 127-152.

[121] GARMAISE M J. The attractions and perils of flexible mortgage lending [J]. Review of Financial Studies, 2013, 26(10): 2548-2582.

[122] GAVAZZA A. The role of trading frictions in real asset markets [J]. American Economic Review, 2011, 101(4): 1106-1143.

[123] GELMAN A, IMBENS G. Why high-order polynomials should not be used in regression discontinuity designs [J]. Journal of Business & Economic Statistics, 2019, 37(3): 447-456.

[124] GHILI S, KUMAR V. Spatial distribution of supply and the role of market thickness: theory and evidence from ride sharing [Z]. Working Paper, 2021.

[125] GIBSON J, OLIVIA S, BOE-GIBSON G, LI C. Which night lights data should we use in economics, and where? [J]. Journal of Development Economics, 2021, 149: 102602.

[126] GOLDFARB A, QUE V F. The economics of digital privacy [J]. Annual Review of Economics, 2023, 15: 267-286.

[127] GREENWOOD B N, WATTAL S. Show me the way to go home: an empirical investigation of ride-sharing and alcohol related motor vehicle fatalities [J]. MIS Quarterly, 2017, 41(1): 163-187.

[128] GU Y, JIANG C, ZHANG J, ZOU B. Subways and road congestion [J]. American Economic Journal: Applied Economics, 2021, 13(2): 83-115.

[128] GUPTA S, LEHMANN D R, STUART J A. Valuing customers [J]. Journal of Marketing Research, 2004, 41(1): 7-18.

[130] HAGIU A, WRIGHT J. Multi-sided platforms [J]. International Journal of Industrial Organization, 2015a, 43: 162-174.

[131] HAGIU A, WRIGHT J. Marketplace or reseller? [J]. Management Science, 2015b, 61(1): 184-203.

[132] HAGIU A, WRIGHT J. The status of workers and platforms in the sharing economy [J]. Journal of Economics & Management Strategy, 2019a, 28(1): 97-108.

[133] HAGIU A, WRIGHT J. Controlling vs. enabling [J]. Management Science, 2019b, 65(2): 577-595.

[134] HAGIU A, WRIGHT J. Data-enabled learning, network effects and competitive advantage [J]. RAND Journal of Economics, 2023, 54(4): 638-667.

[135] HALABURDA H, YEHEZKEL Y. Platform competition under asymmetric information [J]. American Economic Journal: Microeconomics, 2013, 5(3): 22-68.

[136] HAMILTON T L, WICHMAN C J. Bicycle infrastructure and traffic congestion: evidence from DC's Capital Bikeshare [J]. Journal of

Environmental Economics and Management, 2018, 87: 72 - 93.

[137] HAN X, LI Y, WANG T. Peer recognition, badge policies, and content contribution: an empirical study [J]. Journal of Economic Behavior & Organization, 2023, 214: 691 - 707.

[138] HE G, PAN Y, PARK A, SAWADA Y, TAN ES. Reducing single-use cutlery with green nudges: evidence from China's food-delivery industry [J]. Science, 2023, 381(6662): eadd9884.

[139] HE P, ZHENG F, BELAVINA E, GIROTRA K. Customer preference and station network in the London bike-share system [J]. Management Science, 2021, 67(3): 1392 - 1412.

[140] HO C-TB, LIAO C-K, KIM H-T. Valuing internet companies: a DEA-based multiple valuation approach [J]. Journal of the Operational Research Society, 2011, 62(12): 2097 - 2106.

[141] HOMONOFF T, O'BRIEN R, SUSSMAN A B. Does knowing your FICO score change financial behavior? Evidence from a field experiment with student loan borrowers [J]. Review of Economics and Statistics, 2021, 103 (2): 236 - 250.

[142] IMBENS G, KALYANARAMAN K. Optimal bandwidth choice for the regression discontinuity estimator [J]. Review of Economic Studies, 2012, 79(3): 933 - 959.

[143] IMBENS G W, LEMIEUX T. Regression discontinuity designs: a guide to practice [J]. Journal of Econometrics, 2008, 142(2): 615 - 635.

[144] JACOBSON L S, LALONDE R J, SULLIVAN D G. Earnings losses of displaced workers [J]. American Economic Review, 1993, 83(4): 685 - 709.

[145] JIA P. What happens when Wal-Mart comes to town: an empirical analysis of the discount retailing industry [J]. Econometrica, 2008, 76(6): 1263 - 1316.

[146] JIANG B, TIAN L. Collaborative consumption: strategic and economic implications of product sharing [J]. Management Science, 2018, 64(3): 1171 - 1188.

[147] JOHNSON J P, RHODES A, WILDENBEEST M. Platform design when sellers use pricing algorithms [J]. Econometrica, 2023, 91(5):1841 - 1879.

[148] JONES C I, TONETTI C. Nonrivalry and the economics of data [J]. American Economic Review, 2020, 110(9): 2819 - 2858.

[149] KABRA A, BELAVINA E, GIROTRA K. Bike-share systems: accessibility and availability [J]. Management Science, 2020, 66(9): 3803 - 3824.

[150] KATZ M L, SHAPIRO C. Network externalities, competition, and compatibility [J]. American Economic Review, 1985, 75(3): 424 - 440.

[151] KEYS B J, MUKHERJEE T, SERU A, VIG V. Financial regulation and securitization: evidence from subprime loans [J]. Journal of Monetary Economics, 2009, 56(5): 700 - 720.

[152] KEYS B J, MUKHERJEE T, SERU A, VIG V. Did securitization lead to lax screening? Evidence from subprime loans [J]. Quarterly Journal of Economics, 2010, 125(1): 307 - 362.

[153] KEYS B J, SERU A, VIG V. Lender screening and the role of securitization: evidence from prime and subprime mortgage markets [J]. Review of Financial Studies, 2012, 25(7): 2071 - 2108.

[154] KIM K, BAEK C, LEE J D. Creative destruction of the sharing economy in action: the case of Uber [J]. Transportation Research Part A: Policy and Practice, 2018, 110: 118 - 127.

[155] KNITTEL C R, MILLER D L, SANDERS N J. Caution, drivers! Children present: traffic, pollution, and infant health [J]. Review of Economics and Statistics, 2016, 98(2): 350 - 366.

[156] KOTOWSKI M H, ZECKHAUSER R J. If many seek, ye shall find: search externalities and new goods [J]. American Economic Journal: Microeconomics, 2017, 9(4): 42 - 73.

[157] KREPS D M, SCHEINKMAN J A. Quantity precommitment and Bertrand competition yield Cournot outcomes [J]. Bell Journal of Economics, 1983, 14(2): 326 - 337.

[158] LEE G M, HE S, LEE J, WHINSTON A B. Matching mobile applications for cross promotion [J]. Information Systems Research, 2020, 31(3): 865 - 891.

[159] LEE D S, LEMIEUX T. Regression discontinuity designs in economics [J]. Journal of Economic Literature, 2010, 48(2): 281 - 355.

[160] LEIB M, KÖBIS N, RILKE R M, HAGENS M, IRLENBUSCH B. Corrupted by algorithms? How AI-generated and human-written advice shape (dis)honesty [J]. Economic Journal, 2024, 134(658): 766 - 784.

[161] LI Z, AGARWAL A. Platform integration and demand spillovers in complementary markets: evidence from Facebook's integration of Instagram [J]. Management Science, 2017, 63(10): 3438 - 3458.

[162] LI Z, LIANG C, HONG Y, ZHANG Z. How do on-demand ridesharing services affect traffic congestion? The moderating role of urban compactness [J]. Production and Operations Management, 2022, 31(1): 239 - 258.

[163] LI P, LU Y, WANG J. Does flattening government improve economic performance? Evidence from China [J]. Journal of Development Economics, 2016, 123: 18 - 37.

[164] LI P, LU Y, WANG J. The effects of fuel standard regulations on air pollution: evidence from China [J]. Journal of Development Economics, 2020, 146: 102488.

[165] LIBERMAN A. The value of a good credit reputation: evidence from credit card renegotiations [J]. Journal of Financial Economics, 2016, 120(3): 644 - 660.

[166] LIU X, CHEN W, ZHU K. Token incentives and platform competition: a tale of two swaps [Z]. Working Paper, 2022.

[167] LIU Z, SOCKIN M, XIONG W. Data privacy and temptation [Z]. National Bureau of Economic Research Working Paper, 2020: w27653.

[168] LIU M, TANG X, XIA S, ZHANG S, ZHU Y, MENG Q. Algorithm aversion: evidence from ridesharing drivers [J]. Management Science, forthcoming.

[169] LOVELOCK C, GUMMESSON E. Whither services marketing? In search of a new paradigm and fresh perspectives [J]. Journal of Service Research, 2004, 7(1): 20 - 41.

[170] LUCA M, ZERVAS G. Fake it till you make it: reputation, competition, and Yelp review fraud [J]. Management Science, 2016, 62(12): 3412 - 3427.

[171] MARKOVICH S, YEHEZKEL Y. Data regulation: who should control our data? [Z]. Working Paper, 2021.

[172] METCALFE R M, BOGGS D R. Ethernet: distributed packet switching for local computer networks [J]. Communications of the ACM, 1976, 19 (7): 395 - 404.

[173] MURRY C, ZHOU Y. Consumer search and automobile dealer colocation [J]. Management Science, 2020, 66(5): 1909 - 1934.

[174] OLDEN A, MØEN J. The triple difference estimator [J]. Econometrics Journal, 2022, 25(3): 531 - 553.

[175] PAN L, CAI Q, FANG Z, TANG P, HUANG L. A deep reinforcement learning framework for rebalancing dockless bike sharing systems [J]. Proceedings of the AAAI Conference on Artificial Intelligence, 2019, 33 (1): 1393 - 1400.

[176] PELECHRINIS K, LI B, QIAN S. Bike sharing and car trips in the city: the case of Healthy Ride Pittsburgh [Z]. Working Paper, 2016.

[177] PETRONGOLO B, PISSARIDES C P. Scale effects in markets with search [J]. Economic Journal, 2006, 116(508): 21 - 44.

[178] POSNER E, WEYL E. Radical markets: uprooting capitalism and democracy for a just society [M]. Princeton: Princeton University Press, 2018.

[179] PRÜFER J, SCHOTTMÜLLER C. Competing with big data [J]. Journal of Industrial Economics, 2021, 69(4): 967 - 1008.

[180] RESHEF O. Smaller slices of a growing pie: the effects of entry in platform markets [J]. American Economic Journal: Microeconomics, 2023, 15(4): 183 - 207.

[181] ROCHET J C, TIROLE J. Two-sided markets: a progress report [J]. RAND Journal of Economics, 2006, 37(3): 645 - 667.

[182] ROSENTHAL R W. A model in which an increase in the number of sellers leads to a higher price [J]. Econometrica, 1980, 48(6): 1575 - 1579.

[183] RYSMAN M. The economics of two-sided markets [J]. Journal of

Economic Perspectives, 2009, 23(3): 125 - 143.

[184] SCHMALENSEE R. Entry deterrence in the ready-to-eat breakfast cereal industry [J]. Bell Journal of Economics, 1978, 9(2): 305 - 327.

[185] SEAMANS R, ZHU F. Responses to entry in multi-sided markets: the impact of Craigslist on local newspapers [J]. Management Science, 2014, 60(2): 476 - 493.

[186] SHIMOMURA K I, THISSE J F. Competition among the big and the small [J]. RAND Journal of Economics, 2012, 43(2): 329 - 347.

[187] SOCKIN M, XIONG W. Decentralization through tokenization [J]. Journal of Finance, 2023, 78(1): 247 - 299.

[188] STAHL D O. Oligopolistic pricing with sequential consumer search [J]. American Economic Review, 1989, 79(4): 700 - 712.

[189] Stigler Center for the Study of the Economy and the State. Stigler committee on digital platforms: final report [R/OL]. 2019 - 09 - 16[2024 - 01 - 10]. https://www. chicagobooth. edu/research/stigler/news-and-media/committee-on-digital-platforms-final-report.

[190] SU D, WANG Y, YANG N, WANG X. Promoting considerate parking behavior in dockless bike-sharing: an experimental study [J]. Transportation Research Part A: Policy and Practice, 2020, 140: 153 - 165.

[191] SUN A, ZHAO Y. Divorce, abortion, and the child sex ratio: the impact of divorce reform in China [J]. Journal of Development Economics, 2016, 120: 53 - 69.

[192] TANG H. The value of privacy: evidence from online borrowers [Z]. Working Paper, 2019.

[193] TIAN L, JIANG B, XU Y. Manufacturer's entry in the product-sharing market [J]. Manufacturing & Service Operations Management, 2021, 23 (3): 553 - 568.

[194] UK Digital Competition Expert Panel. Unlocking digital competition: report of the digital competition expert panel [R/OL]. 2019 - 03[2024 - 01 - 10]. https://www. gov. uk/government/publications/unlocking-digital-competition-report-of-the-digital-competition-expert-panel.

[195] VELDKAMP L, CHUNG C. Data and the aggregate economy [J]. Journal of Economic Literature, 2024, 62(2):458 - 484.

[196] VIARD V B, FU S. The effect of Beijing's driving restrictions on pollution and economic activity [J]. Journal of Public Economics, 2015, 125: 98 - 115.

[197] VICENTE-SERRANO S M, SAZ-SÁNCHEZ M A, CUADRAT J M. Comparative analysis of interpolation methods in the Middle Ebro Valley (Spain): application to annual precipitation and temperature [J]. Climate Research, 2003, 24(2): 161 - 180.

[198] VITORINO M A. Empirical entry games with complementarities: an

application to the shopping center industry [J]. Journal of Marketing Research, 2012, 49(2): 175 - 191.

[199] WANG Y, JIN H, ZHENG S, SHANG W L, WANG K. Bike-sharing duopoly competition under government regulation [J]. Applied Energy, 2023, 343: 121121.

[200] WANG M, ZHOU X. Bike-sharing systems and congestion: evidence from US cities [J]. Journal of Transport Geography, 2017, 65: 147 - 154.

[201] WOODCOCK J, TAINIO M, CHESHIRE J, O'BRIEN O, GOODMAN A. Health effects of the London bicycle sharing system: health impact modelling study [J]. BMJ, 2014, 348: g425.

[202] WU Y, ZHU F. Competition, contracts, and creativity: evidence from novel writing in a platform market [J]. Management Science, 2022, 68 (12): 8613 - 8634.

[203] YAN F. Empirics of firms' strategies in new industries [D]. Boston: Boston University, 2022.

[204] ZERVAS G, PROSERPIO D, BYERS J W. The rise of the sharing economy: estimating the impact of Airbnb on the hotel industry [J]. Journal of Marketing Research, 2017, 54(5): 687 - 705.

[205] ZHANG Y, LIN D, MI Z. Electric fence planning for dockless bike-sharing services [J]. Journal of Cleaner Production, 2019, 206: 383 - 393.

[206] ZHANG Y, MI Z. Environmental benefits of bike sharing: a big data-based analysis [J]. Applied Energy, 2018, 220: 296 - 301.

[207] ZHANG X, ZHANG X, CHEN X. Happiness in the air: how does a dirty sky affect mental health and subjective well-being? [J]. Journal of Environmental Economics and Management, 2017, 85: 81 - 94.

[208] ZHANG L, ZHANG J, DUAN Z Y, BRYDE D. Sustainable bike-sharing systems: characteristics and commonalities across cases in urban China [J]. Journal of Cleaner Production, 2015, 97: 124 - 133.

[209] ZHENG J, QI Z, DOU Y, TAN Y. How mega is the mega? Exploring the spillover effects of WeChat using graphical model [J]. Information Systems Research, 2019, 30(4): 1343 - 1362.

后记

本书以我的博士学位论文为底稿,在此首先要感谢导师周黎安教授的悉心指导。本书的研究主体部分(即第四、五、六章)有赖于多位学术合作者的帮助与支持,包括马里兰大学金哲(Ginger Zhe Jin)教授、北京大学翁翕教授、中国人民大学刘畅教授、上海衍复投资管理有限公司周璟鑫研究员,谨在此一并致谢。

本书撰稿过程先后历时三年,其间我先于普林斯顿大学当代中国研究中心(Center on Contemporary China, Princeton University)担任博士后研究员(2020—2022年),后于北京大学经济学院担任助理教授(2022年至今)。两个单位的领导、同事在此过程中对我关爱有加、帮助良多,谨借此机会向他们表示最真诚的感谢。

本书以共享单车为主要研究场景,实证分析所用数据的主要来源之一为ofo。我要感谢ofo创始团队和大数据部门员工给予的大力支持。

本书是"当代经济学博士创新项目"的资助成果,由上海三联书店有限公司出版发行。我要感谢当代经济学基金会及其工作人员,感谢当初授予我这一荣誉的专家评委,感谢上海三联书店有限公司李英编辑细致耐心的工作。此外,还要感谢北京大学博士研究生郑毅帆、马长宙协助进行书稿校对。

最后我要感谢我的父母,感谢他们给予我的最无私、最深沉的爱。

当代经济学创新丛书

第一辑（已出版）

《中国资源配置效率研究》（陈登科　著）

《中国与全球产业链：理论与实证》（崔晓敏　著）

《气候变化与经济发展：综合评估建模方法及其应用》（米志付　著）

《人民币汇率与中国出口企业行为研究：基于企业异质性视角的理论与实证分析》（许家云　著）

《贸易自由化、融资约束与中国外贸转型升级》（张洪胜　著）

第二辑（已出版）

《家庭资源分配决策与人力资本形成》（李长洪　著）

《资本信息化的影响研究：基于劳动力市场和企业生产组织的视角》（邵文波　著）

《机会平等与空间选择》（孙三百　著）

《规模还是效率：政企联系与我国民营企业发展》（于蔚　著）

《资源配置的效率、公平及福利分析：基于匹配理论研究的视角》（焦振华　著）

第三辑（已出版）

《中国高铁、贸易成本和企业出口研究》（俞峰　著）

《从全球价值链到国内价值链：价值链增长效应的中国故事》（苏丹妮　著）

《市场结构、创新与经济增长：基于最低工资、专利保护和研发补贴的分析》（王熙麟　著）

《数据要素、数据隐私保护与经济增长》（张龙天　著）

《中国地方政府的环境治理：政策演进与效果分析》（金刚　著）

第四辑(待出版)

《数字经济的产业组织逻辑和生态环境效益:以共享单车为例》(曹光宇 著)

《内需主导型全球价值链研究》(凌永辉 著)

《模型不确定条件下公司投资行为及委托代理关系》(牛英杰 著)

《数字乡村与经济发展》(王奇 著)

《产业政策有效性边界研究:一个不完全契约理论分析框架》(侯方宇 著)

图书在版编目(CIP)数据

数字经济的产业组织逻辑和生态环境效益：以共享
单车为例/曹光宇著.—上海：上海三联书店，2025.1
—(当代经济学创新丛书).—ISBN 978-7-5426
-8664-0

Ⅰ.F512.3；X171.1

中国国家版本馆 CIP 数据核字第 2024Q3Z226 号

数字经济的产业组织逻辑和生态环境效益
以共享单车为例

著　者/曹光宇

责任编辑/李　英
装帧设计/徐　徐
监　制/姚　军
责任校对/王凌霄　章爱娜

出版发行/上海三联书店
　　　　　(200041)中国上海市静安区威海路 755 号 30 楼
邮　箱/sdxsanlian@sina.com
联系电话/编辑部：021-22895517
　　　　　发行部：021-22895559
印　刷/苏州市越洋印刷有限公司

版　次/2025 年 1 月第 1 版
印　次/2025 年 1 月第 1 次印刷
开　本/655mm×960mm　1/16
字　数/160 千字
印　张/11.75
书　号/ISBN 978-7-5426-8664-0/F·927
定　价/48.00 元

敬启读者，如发现本书有印装质量问题，请与印刷厂联系 0512-68180628